LA RÉVÉRENDE MÈRE

ANNE-MARIE JAVOUHEY

FONDATRICE

de la Congrégation de Saint-Joseph de Cluny

1779-1851

LA RÉVÉRENDE MERE

Anne-Marie Javouhey

1779 - 1851

LA RÉVÉRENDE MÈRE

ANNE-MARIE JAVOUHEY

1779-1851

PAR

Le R. P. Dom BABIN

Bénédictin de la Congrégation de France

LIGUGÉ (Vienne)

IMPRIMERIE SAINT-MARTIN

—

1896

INTRODUCTION

A côté du type ancien de la vierge du cloître, vouée
au service de Dieu par les œuvres de la contempla-
tion et de la vie claustrale, le souffle de l'Esprit-
Saint, dans ces derniers siècles, en a créé un autre :
celui de la religieuse qui, se donnant elle aussi à
Dieu par des vœux, consacre plus directement sa vie
au service du prochain par les œuvres de miséricorde
spirituelle et corporelle.

Saint François de Sales l'entrevit, saint Vincent de
Paul commença à le réaliser, et depuis lors. d'innombrables familles religieuses se sont formées, spécialement en France, et rendent à l'Église, sous toutes
les formes, d'inappréciables services partout où l'on
peut trouver des misères à soulager, des malades à
soigner, des abandonnés à recueillir, des enfants à
instruire, des cœurs à conquérir à Dieu et des âmes
à sauver.

Notre siècle, en particulier, a accentué dans ces
nouvelles et fécondes congrégations le caractère de
l'apostolat. Depuis la Révolution française, les vides
du clergé ne se comblent que péniblement, et presque
nulle part il ne suffit à sa tâche : les explorations
nouvelles et les rapides conquêtes, par la civilisation, des empires fermés jusqu'à cette heure aux

lumières de l'Évangile, ouvrent à la prédication des espaces presque indéfinis ; mais les prêtres manquent : on en trouve un où il en faudrait dix, pour ne pas dire cent et mille, et leurs efforts isolés resteraient toujours plus ou moins impuissants s'ils n'étaient secondés par l'action plus continue et plus intime du travail des religieuses, associées à l'apostolat des missionnaires.

La sainte femme dont le nom est inscrit en tête de cette notice a été une des premières fondatrices qui ont mis au service de l'apostolat catholique des légions de vierges consacrées à Dieu. Aucune de ses imitatrices ne l'a surpassée ni peut-être égalée dans la générosité du sacrifice, l'éclat et la variété des œuvres, la force et l'originalité de l'esprit, et, pour tout dire, la sainteté.

Vivante, elle frappait d'admiration les indifférents et les sceptiques comme les fidèles ; elle se conciliait la confiance et l'estime des rois et des ministres, comme des enfants du peuple et des pauvres sauvages ; Louis-Philippe et M. de Chateaubriand l'appelaient *un grand homme*, et tous ceux qui l'approchaient la proclamaient une grande sainte ; — morte, elle se survit encore dans une congrégation nombreuse et fervente qui a hérité de son zèle et de son dévouement ; sa mémoire est en vénération partout où s'est étendue son action bienfaisante, et elle recevra bientôt, nous le souhaitons de tout notre cœur et nous avons lieu de l'espérer, les premiers hommages de la sainte Église.

LA RÉVÉRENDE MÈRE
ANNE-MARIE JAVOUHEY

1779-1851

CHAPITRE I

**Enfance et jeunesse de Anne-Marie Javouhey.
Premiers indices de sa vocation. — Sa consécration.**

Au moment où commençaient à gronder les premiers orages de la Révolution, Dieu faisait naître, dans un obscur village de la Bourgogne, une enfant qui devait être bientôt un des instruments de sa divine Providence pour restaurer quelques-unes des ruines qu'allait amonceler la persécution religieuse de la fin du dix-huitième siècle. La famille au sein de laquelle allait venir prendre place la future fondatrice de l'*Institut de Saint-Joseph de Cluny* était fort honorable et très respectée dans le pays de Chamblanc, village situé à deux kilomètres de Seurre, petite ville du diocèse de Dijon. Depuis plusieurs générations, les membres de cette famille toute patriarcale s'adonnaient à l'agriculture, et jouissaient au milieu de leurs compatriotes d'une sympathie et d'une considération que leur méritaient la probité de leur caractère et la pureté de leurs mœurs, ainsi qu'une aisance relative qu'ils devaient entièrement à leur vie laborieuse et régulière.

Jean-Balthazar Javouhey, qui fut le père de la vénérée Fondatrice, était échevin de Chamblanc, comme la plupart de ses ancêtres. C'était un homme de tête et de cœur, en qui nous aimons à remarquer les traits que nous retrouverons fidèlement reproduits dans le caractère de sa fille aînée. Il avait une nature ardente, était d'une humeur agréable, d'un esprit fertile en reparties, et surtout d'un caractère plein de franchise et de générosité ; sous ce dernier rapport, il était en parfaite harmonie d'inclination avec sa vertueuse compagne : Claudine Parizot, de Chivre, village voisin de Chamblanc, qu'il avait épousée le 19 novembre 1771. Elle appartenait elle-même à une famille très chrétienne et charitable, justement estimée, et, à l'exemple de ses vertueux parents dont elle était le quatorzième enfant, elle avait à un si haut degré l'amour des pauvres, qu'elle n'hésitait pas, raconte-t-on, à se dépouiller de ses vêtements pour les leur donner, sans attendre même qu'ils fussent usés.

Telle était la respectable famille Javouhey, qui fut bénie du ciel et mérita de donner naissance à dix enfants : quatre garçons et six filles, qui tous, dès leur naissance, furent consacrés à la sainte Vierge par leur pieuse mère.

Durant quelques années (1777-1786), M. et Mme Javouhey quittèrent Chamblanc pour aller habiter Jallanges, petite commune voisine et dépendante de la paroisse de Seurre. C'est pendant cette période que naquit celle qui allait devenir la bénédiction et l'honneur de leur famille. Pendant sa grossesse, Mme Javouhey éprouva des effets extraordinaires qui ne laissèrent pas de la surprendre et de l'inquiéter. Dans ces circonstances, elle se sentait intérieurement pressée d'invoquer et d'honorer le Sacré-Cœur, surtout les vendredis; et plus tard, lorsque se révéla la vocation de sa fille, elle ne douta plus que le Seigneur eût voulu, même dès avant sa naissance, donner une marque de la haute destinée à laquelle il l'appelait.

Cette enfant de bénédiction naquit le 10 novembre 1779. Dès le lendemain, elle fut portée à l'église de Seurre, pour y recevoir le sacrement de baptème, avec le prénom d'Anne, et y être consacrée à la sainte Vierge. C'était le jour de la fête de saint Martin, patron de la paroisse. La Révérende Mère professa toujours, et sut inspirer à ses filles, une grande dévotion au saint évèque de Tours, que Notre-Seigneur lui-même sembla vouloir donner comme protecteur spécial à toute la congrégation de Saint-Joseph.

Anne grandit au milieu de ses frères et sœurs, subissant l'heureuse et sainte influence de ses pieux parents; mais, dès son plus jeune àge, elle sut prendre un réel ascendant sur tous les membres de sa famille par son esprit ouvert et résolu. On croit qu'elle fit sa première communion vers l'àge de dix ans, à Chamblanc, où son père était revenu quelques années avant, juste à l'époque où la persécution violente et déclarée allait entraver la liberté du culte catholique en France.

Les premières années de l'enfance d'Anne nous sont peu connues; mais ce qu'on n'ignore pas, et ce que la vénérée Mère a répété plus d'une fois elle-même, c'est que, comme il arriva à la sainte réformatrice du Carmel et à d'autres saints, le goût du monde et de ses plaisirs marqua de bonne heure son empreinte sur sa jeune âme. Toutefois, il est certain que la jeune fille sut toujours côtoyer les écueils propres à son àge sans que jamais ses pieds aient tant soit peu glissé dans le sentier de la vertu.

A cette époque, on admirait la gaieté, l'entrain, les reparties et les saillies spirituelles d'Anne Javouhey; ces avantages étaient dus seulement à la richesse de la nature dont Dieu l'avait douée; car ce que les hommes lui avaient appris se réduisait à peu de chose, n'ayant eu pour maître que le *recteur d'école* de son village. Plus tard, elle suppléa autant qu'elle put, par une lecture assidue, à cette lacune de sa première éducation ; mais on peut dire avec vérité qu'elle brilla toujours de son éclat propre et de sa valeur rigoureusement personnelle.

En même temps que l'on remarquait la précocité et la vivacité de son intelligence, on admirait aussi les tendances de son esprit ferme et résolu, et même les premiers actes d'un dévouement qui ne devait plus s'arrêter. A peine âgée de quatorze ans, elle osa affronter l'incendie du château seigneurial de Chamblanc, livré aux flammes par une bande de révolutionnaires, afin de sauver les ornements sacrés appartenant à la chapelle du château, entre autres deux riches chasubles, dont l'une est encore conservée avec une religieuse vénération à la maison-mère de l'institut.

Mais c'est surtout pendant la Terreur qu'elle fit éclater son dévouement pour les prêtres proscrits ; son courage et son industrieuse énergie en sauvèrent plusieurs. A ce moment, les paroisses de Seurre et de Chamblanc, tombées depuis quelque temps aux mains de ministres assermentés, se réjouissaient de l'arrivée dans le pays d'un prêtre du diocèse de Besançon, l'abbé Ballanche, proscrit et poursuivi à cause de sa fidélité. Anne devint l'auxiliaire dévouée du pieux confesseur de la foi : tantôt la courageuse fille, bravant la nuit et l'éloignement, partait chercher dans sa retraite le prêtre fidèle et l'amenait au chevet de quelque mourant ; tantôt elle mettait tous ses soins à protéger la retraite du saint missionnaire, et à lui préparer un lieu secret et sûr, où, comme autrefois dans l'obscurité et le silence des catacombes, un autel improvisé était dressé pour la célébration des saints mystères. Les fidèles du voisinage venaient s'y fortifier par la participation aux sacrements, et se disposer ainsi à de nouvelles luttes. Anne s'établissait alors en sentinelle vigilante, et avait l'œil ouvert sur tout ce qui se passait aux alentours. Une fois, elle voit venir les ennemis : aussitôt elle donne le signal du péril, et, prompte comme l'éclair, elle part au-devant des soi-disant patriotes. Par sa gaieté et ses propos plaisants, elle eut l'art de les arrêter assez longtemps pour que le pasteur et le troupeau fussent hors d'atteinte. D'autres fois, elle les attirait chez son père, les distrayait par sa conversation, leur offrait même des rafraîchissements afin de les retenir plus longtemps ; ces gens se trouvaient bientôt désarmés et disaient en s'éloignant : « Cette demoiselle Nannette (c'est le nom qu'on lui donnait familièrement) sait si bien faire, elle vous endoctrine si bien, qu'il n'y a pas moyen de la surprendre et de mettre la main sur son curé ! »

Un jour, un prêtre, suivi de près par les révolutionnaires, fut enfermé vivement par elle dans une armoire, et sauvé ainsi, grâce à la promptitude de cette intervention ; elle en sauva également un autre en le cachant derrière des fagots préparés pour chauffer le four de la maison. Une fois cependant, elle faillit être prise. Un prêtre était dans la maison de son oncle : ceux qui le poursuivaient se présentent brusquement et le réclament avec autorité ; encore un instant, et c'en est fait de lui. Mais Anne est là : elle garde tout son sang-froid, lui ordonne de se jeter à terre et le couvre de foin ; puis, se présentant aux soldats : « Vous cherchez tel prêtre ? mais il n'y a qu'un moment que je l'ai vu ! Voyez donc par là si vous ne pourriez le rejoindre... » Ce trait, qui rappelle celui bien connu de la vie de saint Athanase et nous ramène au temps des persécutions des premiers siècles de l'Église, nous donne l'occasion de remarquer que notre jeune héroïne, élevée comme la génération des martyrs à cette rude école de la persécution, eut plus d'un trait de ressemblance avec eux. Comme eux, elle conserva toute sa vie cette mâle énergie, cette foi robuste qui resta, avec la grâce de Dieu, son caractère distinctif et sa grande force ici-bas.

La récompense immédiate de ce dévouement courageux fut pour Anne un accroissement de grâce et de lumières surnaturelles, qui lui firent rompre ses dernières attaches aux plaisirs du monde. Une occasion se présenta bientôt qui fit connaître tout le travail opéré en elle par l'action divine. On lui fit des propositions de mariage : elle refusa sans hésiter ; bien plus, avec cet ascendant moral qui devait rendre plus tard son influence si puissante, elle se fit l'apôtre du détachement auprès de celui-là même qui voulait l'épouser, et sa voix fut si persuasive que le jeune homme, désabusé des vanités du monde, alla bientôt frapper à la porte du monastère de la Val-Sainte, où il mourut saintement quelques années après.

A partir de cette époque. Anne Javouhey dit un adieu définitif à tous les plaisirs de la terre, et ne témoigna plus que du dégoût pour les vaines parures qu'elle avait tant recherchées. Dans son entourage, on ne comprit pas d'abord toute la portée de sa nouvelle conduite ; mais elle se sentait fortement appelée à une vocation plus sainte, et s'acheminait peu à peu, sous la direction du digne M. Ballanche, vers la voie des parfaits. A toutes les instances qu'on put lui faire pour l'en détourner, elle répondait : « Il me semble que je suis destinée à faire un peu de bien : c'est une trop belle vocation pour que j'y manque ; je ne veux être que l'épouse de Notre-Seigneur. »

Dès lors, on la vit mûrir ses projets et se livrer avec ardeur aux bonnes œuvres. Elle s'offrit généreusement à M. Ballanche pour apprendre le catéchisme et les prières aux enfants et à la jeunesse, élevés, par suite du malheur des temps, dans l'ignorance de la religion.

Elle ne se contentait pas d'enseigner les vérités

chrétiennes, elle préparait encore les enfants à la première communion. Plusieurs fois, elle put faire donner à cette cérémonie une solennité qui rappelait des temps plus heureux. Elle disposait aussi les enfants à bien faire leurs confessions; elle les exhortait, les encourageait, veillait sur leur conduite, suppléait, en un mot, à tout ce que ne pouvait faire M. Ballanche.

Pour mieux satisfaire son besoin de solitude, de méditation et de prière, Anne avait sollicité et obtenu de son père la permission d'élever, dans un des coins du jardin, un rustique oratoire à sainte Anne, sa glorieuse patronne : il mesurait à peine deux mètres de largeur et autant de longueur : au fond, un petit autel en pierre était adossé au mur et supportait une statue de sainte Anne. La jeune fille se rendait plusieurs fois chaque jour dans cette retraite pour se recueillir et prier. Cela ne plaisait pas toujours à M. Javouhey, qui lui reprochait souvent « d'aimer mieux prier en paix que de se fatiguer au travail ». Anne était fort sensible à ce reproche, mais rien ne pouvait l'empêcher de suivre l'impulsion de la grâce et l'attrait divin qui la ramenait sans cesse à ces pieuses méditations. Ce fut dans ce lieu que, éclairée par une lumière surnaturelle, elle conçut le dessein et prit la ferme résolution de renoncer entièrement au monde pour se consacrer au Seigneur et se vouer, par état, à une double tâche : le soin des membres souffrants de Jésus-Christ et l'éducation de l'enfance et de la jeunesse. Il ne s'agissait toutefois encore, dans sa pensée, que des malades et des enfants de Chamblanc et des environs.

Ces projets, si humbles et si modestes qu'ils fussent dans le principe, rencontrèrent cependant une véritable opposition de la part de M. Javouhey. Ce bon père craignait que sa fille n'agît imprudemment en embrassant une œuvre qu'elle ne pourrait soutenir;

mais celle-ci, au contraire, fortifiée d'en haut, se montra ferme et eut la joie de vaincre toute résistance. Une simple résolution, prise dans le secret de son cœur, de se retirer du monde et de se vouer au service de Dieu, des malades et de l'enfance, ne lui semblait pas toutefois suffisante : elle voulait se lier à Notre-Seigneur par des engagements formels, et elle sut si bien plaider sa cause, qu'avec l'intervention du pieux abbé Ballanche, elle en obtint la permission de son père. Dès lors elle se prépara avec une grande ferveur à sa future consécration. La date en fut fixée au 11 novembre 1798. Une des pièces de la maison de M. Étienne Javouhey, son frère, fut transformée en chapelle ; elle l'orna de tentures et de fleurs, et là, au milieu de la nuit, M. Ballanche célébra le saint sacrifice en présence de la famille et des amis réunis pour cette grande cérémonie. Revêtue d'habits blancs, la jeune fiancée du Seigneur s'avança résolument au pied de l'autel improvisé, et, au moment de la communion, elle prononça à haute voix ses saints engagements, se consacrant pour toujours à Notre-Seigneur et lui promettant de vouer son existence entière aux malades et aux enfants.

L'oratoire mystérieux, l'obscurité, le silence de la nuit, surtout la grandeur de l'acte accompli avec le rayonnement de la joie, la radieuse sérénité qui illuminait le front de la jeune fille, tout concourait à imprimer à ce spectacle quelque chose de profondément touchant !... Son père, ne pouvant contenir son émotion, pleurait à chaudes larmes ; ses jeunes sœurs la considéraient avec une admiration muette et une sainte envie, et tous les autres assistants étaient vivement émus et saisis de respect. Aussi le souvenir de ce grand jour fut-il conservé pieusement au sein de la famille Javouhey. La fête du 11 novembre fut toujours saluée par la vénérable fondatrice avec amour et action de grâces, comme le double anniversaire de sa

naissance à la vie chrétienne et de sa consécration à
Dieu.

Dès lors, Anne Javouhey se mit avec ardeur et docilité à marcher dans la voie que le Seigneur lui avait
montrée. Son exemple faisait une grande impression
sur ses trois sœurs, qui se placèrent sous sa conduite
et devinrent ses premières disciples ; à ce petit noyau
privilégié, vinrent se joindre quelques pieuses compagnes et même des domestiques de la maison. On
commença à s'assujettir à un règlement ; le silence
était gardé jusque dans les travaux des champs, et on
cherchait à s'inspirer des habitudes et de la discipline
de la vie religieuse. Ce fut là comme la première
ébauche, le premier essai de la future fondatrice ;
mais les épreuves et les difficultés ne lui furent pas
ménagées, surtout lorsqu'elle voulut réaliser son projet d'instruire les enfants ! Ces difficultés lui vinrent
de la part de M. Javouhey, qui, n'ayant pas compris
toute l'étendue des obligations contractées par sa fille
au jour de sa consécration à Dieu, ne pouvait supporter l'idée qu'elle se fît ainsi *maîtresse d'école*. Cependant, par sa fermeté et son ascendant, Anne sut
adoucir et désarmer cet excellent père, qui lui montrait parfois bien plus d'opposition qu'il n'en ressentait au fond du cœur.

CHAPITRE II

**Premiers essais de vie religieuse à Besançon
et à la Val-Sainte.
Œuvres charitables. — Fondation de l'Institut à Chalon**

Toujours désireuse de suivre en tout l'impulsion de la grâce, Mlle Javouhey crut comprendre qu'une vie plus retirée lui était nécessaire pour se former à la pratique des vertus religieuses. Dans ce but, elle obtint de ses parents la permission de se rendre à Besançon, où une communauté, bien petite et bien pauvre, commençait à se rétablir sous la conduite d'une ancienne fille de saint Vincent de Paul, Mme Thouret, que la congrégation, aujourd'hui si prospère, des Sœurs de la Charité de Besançon reconnaît pour sa fondatrice. A peine admise dans cet asile, en septembre 1800, elle se livra avec tout l'élan généreux dont elle était capable à cette vie nouvelle : son âme débordait de joie, elle se croyait arrivée au port tant désiré. Mais Dieu avait d'autres desseins, et au bout de peu de temps la pieuse jeune fille se sentit accablée de sécheresses, d'inquiétudes et d'angoisses ; elle était en proie à une si grande peine intérieure que sa santé même en fut altérée. De plus en plus, Anne Javouhey sentait que Dieu lui demandait autre chose, mais elle n'éprouvait à ce sujet que ténèbres et obscurité. Un soir, abîmée de tristesse, elle s'agenouilla près de son lit et s'écria : « Seigneur, que voulez-vous de moi? Oh! faites-moi connaître votre volonté ! » Cette ardente prière fut exaucée ; elle entendit aussitôt une voix qui lui dit : « *Ta tristesse va finir, le bon Dieu a sur toi de grands desseins si tu ne cherches que sa volonté.* » Il lui sembla alors que cette voix était celle de sainte Thérèse ; sur-le-champ cette communication anéantit ses incertitudes et dissipa toutes ses douloureuses anxiétés.

Quelques jours plus tard, à son réveil, elle vit, à son grand étonnement, sa cellule remplie de toutes espèces d'enfants : des blancs, des noirs et des mulâtres de couleur plus ou moins foncée ; sa surprise fut d'autant plus grande qu'à cette époque elle ignorait complètement qu'il y eût des hommes de diverses races et au teint différent ; puis, elle entendit encore une voix qui lui dit : « Ce sont les enfants que Dieu te donne. Je suis sainte Thérèse et je protégerai ton institut. »

A l'appui de ces faits, il est bon de faire remarquer la dévotion toute particulière que, par un sentiment de profonde reconnaissance, la vénérée Mère eut toujours pour sainte Thérèse, dévotion conservée par ses filles, qui honorent en cette grande sainte une des protectrices spéciales de l'institut.

Mlle Javouhey fit part à son confesseur de tout ce qui s'était passé en elle. Celui-ci en fut frappé, l'engagea à prier avec ferveur, et à suivre ce qu'il pensait être vraiment la voix de Dieu. Sur son conseil, elle quitta Besançon (28 novembre 1800), emportant l'estime, l'affection et les regrets de toutes les religieuses, et rentra à Chamblanc, où, grâce à l'appui de M. Ballanche, elle obtint de son père la permission et les ressources nécessaires pour établir à Seurre une école avec l'aide de sa sœur puînée, Marie, et de quelques autres vertueuses compagnes. M. Javouhey consentit même à acheter une maison, et ses deux filles purent y commencer leur œuvre de dévouement. Ce petit établissement était excessivement pauvre, et bien que l'on couchât sur la paille, que l'on s'imposât de dures privations, il était difficile de faire face même aux besoins de première nécessité, car la jeune Anne, qui n'écoutait que son cœur et son désir de faire du bien, recevait le plus grand nombre possible d'orphelines. Un trait va nous peindre leur extrême indigence : un prêtre vint un jour visiter leur école, et en se retirant il donna *six liards* « pour acheter des cerises aux enfants » ; mais la jeune supérieure crut devoir destiner cette petite aumône à quelque chose de plus essentiel : elle fit acheter du *sel* pour faire cuire la farine de maïs que l'on mangeait habituellement cuite à l'eau et sans assaisonnement, faute de sel.

Cet état de dénûment ne pouvait durer ; M. Javouhey, apprenant la position de sa fille, la fit revenir à Chamblanc, et se montra fort mécontent des sérieux embarras où elle se trouvait, et par conséquent où elle le mettait lui-même.

C'est à cette époque, vers 1802, qu'elle entra en relations avec le vaillant abbé de la Trappe, dom Augustin de Lestrange, qui, expulsé de France en 1791, avait fondé le monastère de la Val-Sainte, en Suisse. Le vénérable religieux, reconnaissant en Mlle Javouhey une âme généreuse et solidement trempée, accepta de la conduire dans les voies de Dieu. Après un essai d'école qu'elle tenta, à Dôle, sans doute avec sa permission, Anne se rendit en Suisse, auprès de son directeur, et demanda à être admise au monastère des trappistines de *la Sainte-Volonté de Dieu*. Dieu voulait probablement ainsi la façonner à cette forte école de vertu ; elle s'y soumit avec un grand courage et une entière abnégation, jusqu'à ce que l'abbé de Lestrange, après avoir éprouvé son obéissance et son humilité, la laissât libre de suivre l'attrait divin et d'aller « fonder une congrégation ». Mlle Javouhey quitta la Val-Sainte après avoir fait le vœu d'obéissance entre les mains de dom Augustin

de Lestrange : elle emportait du monastère des trappistines la pieuse devise à laquelle elle devait être
fidèle toute sa vie : *la sainte Volonté de Dieu*, et
qu'elle légua à son institut comme un mot d'ordre,
un cri de ralliement, et le résumé de ses enseignements et de toute sa spiritualité simple, sûre et féconde
à la fois.

En sortant de la Val-Sainte, Anne Javouhey alla
établir une école à Souvans, en Franche-Comté, près
de Dôle ; là, comme à Seurre, elle ne sut pas modérer l'ardeur de son zèle et de sa charité, et le grand
nombre d'orphelins qu'elle prit à sa charge la réduisit
bientôt à la plus grande pauvreté. Elle pria avec ferveur, mais en vain ; la détresse devint si extrême que
la famine même se fit sentir. Alors elle se rendit à
l'église, s'humilia devant Dieu, s'accusa d'imprudence ;
puis, avec une foi ardente et une confiance filiale, elle
somma respectueusement le Seigneur de venir au
secours de ses servantes. On dit même qu'elle frappa
naïvement à la porte du tabernacle. Aussitôt elle en-
tend une voix qui lui dit : « *T'ai-je manqué jusqu'ici ?*
Pourquoi m'exposer tes besoins avec anxiété quand
déjà j'ai exaucé ta prière ? » Alors la jeune fille se
releva consolée, et retourna dans sa classe. Peu après,
M. Javouhey arrivait inopinément avec une voiture
chargée de provisions, et disait à sa fille tout interdite et muette d'émotion : « Ma fille, Dieu ne veut
pas que je vous abandonne, puisque, malgré mes résolutions, je viens encore à votre secours. Vos frères
et vos sœurs ne veulent pas que je m'occupe d'eux,
et demandent tous que je m'occupe de vos besoins. »

Néanmoins, Mlle Javouhey ne put demeurer à Souvans ; elle alla, d'accord avec l'abbé de la Val-Sainte,
installer son école à Choisey, toujours dans le voisinage de Dôle. C'est là que sa plus jeune sœur, Claudine, âgée de treize ans seulement, put obtenir de ses
excellents parents de la rejoindre, et bientôt trois

autres jeunes personnes vinrent aussi se préparer, près d'elle, à la vie religieuse. Cependant M. Javouhey, supportant avec peine l'éloignement de ses deux filles, fit valoir de si bonnes raisons auprès de l'abbé de Lestrange, que celui-ci consentit à leur retour à Chamblanc. Le bon père se hâta d'aller lui-même à Choisey chercher non seulement ses filles, mais leurs compagnes et les orphelines qu'elles y avaient recueillies, et il adopta toute cette petite famille. Content et joyeux, il répondait aux questions de ses voisins étonnés : « Ce sont les enfants de ma fille. » Puis, selon sa promesse, il s'empressa de faire construire dans sa cour un bâtiment destiné à l'école et aux réunions que sa fille faisait chaque dimanche pour les jeunes filles du village. Dès lors, il se montra très affectionné à la petite communauté, qui s'accrut immédiatement de ses deux autres filles, Pierrette et Marie. Il ne les quittait presque plus, se levait de bon matin pour faire la méditation avec elles, s'occupait de leurs intérêts et veillait à tous leurs besoins.

Cette installation dut se faire dans la seconde moitié de l'année 1804. Alors Mlle Javouhey crut le moment venu de demander à l'évêque de Dijon l'autorisation de s'établir en communauté dans son diocèse ; mais le prélat refusa, trouvant le projet prématuré.

Quelques mois après, le pape Pie VII, venu à Paris pour y sacrer Napoléon Ier, s'arrêta au retour à Chalon-sur-Saône pour y passer les fêtes de Pâques. Anne Javouhey et ses trois sœurs se rendirent en cette ville pour assister à la messe du Souverain Pontife et communier de sa main. Pie VII bénit avec bonté les quatre sœurs, qui lui furent présentées par l'évêque d'Autun, et les encouragea dans leur pieux projet ; on dit même que le Saint-Père annonça à la future fondatrice que Dieu se servirait d'elle pour faire de grandes choses.

La bénédiction du Vicaire de Jésus-Christ sembla faire entrer l'œuvre de Mlle Javouhey dans une voie nouvelle. Grâce à la bienveillance de l'évèque d'Autun, Mgr de Fontanges. Anne put se rendre aux instances du pieux curé de Saint-Pierre de Chalon, M. Ollivier, et vint s'installer dans une partie des bâtiments de l'ancienne abbaye Saint-Pierre, qu'on mit provisoirement à sa disposition, afin d'y ouvrir une école pour les enfants pauvres de la ville.

Selon le sage conseil de Mgr de Fontanges, Mlle Javouhey et ses sœurs, pour commencer, abritèrent le caractère tout religieux de leur œuvre sous le manteau de la charité. Elles furent traitées avec bienveillance non seulement par l'autorité ecclésiastique, mais aussi par le maire et la municipalité, qui se montrèrent très favorables à leur entreprise, y contribuèrent même par une petite subvention, et concédèrent des bâtiments plus vastes et mieux appropriés aux œuvres qu'on voulait y installer.

Anne, pour témoigner à Dieu sa reconnaissance et aussi pour satisfaire sa piété et celle de ses compagnes, avait un grand désir d'avoir sous son toit une petite chapelle ; le dévoué curé de Saint-Pierre se chargea de solliciter cette faveur, qu'il obtint. Aussitôt on se mit à l'œuvre et on transforma en un modeste oratoire la pièce la plus convenable de la maison ; la bénédiction en fut fixée au 20 août 1806, fête de saint Bernard. Au jour dit, la petite communauté se trouvait réunie, et au moment où le curé de Saint-Pierre allait commencer la cérémonie, il demanda à Mlle Javouhey sous quel vocable elle comptait placer sa chapelle. « Sous celui de saint Bernard », répondit-elle sans hésiter. — Mais pourquoi saint Bernard? reprit le curé surpris ; pourquoi pas saint Joseph? Sainte Thérèse a mis sa première fondation sous la protection de ce grand saint. » A ce nom de sainte Thérèse, Mlle Javouhey crut voir dans cette suggestion du digne curé un nouveau gage de la protection promise par la séraphique vierge du Carmel. Aussitôt, avec une respectueuse déférence, elle lui répondit : « Comme vous voudrez, mon Père. » C'est ainsi que ce premier oratoire fut placé sous le vocable de saint Joseph, dont le nom passa immédiatement de la chapelle à la petite société, et le saint patriarche Joseph devint par cette circonstance providentielle le protecteur et le patron de l'institut naissant.

Jusque-là, par prudence, nous l'avons dit, on avait laissé dans l'ombre le but religieux que l'on poursuivait avant tout autre, mais bientôt le moment vint de le manifester ouvertement. Il était important à cette époque d'obtenir une autorisation du gouvernement pour s'organiser publiquement en société religieuse ; aussi le nouvel évêque d'Autun, Mgr Imberties, se concerta-t-il avec le préfet de Saône-et-Loire, M. le baron de Roujoux, pour solliciter du ministre des cultes, M. Portalis, l'approbation légale de la nouvelle société. Ces démarches eurent un rapide et complet succès. Dès le 12 décembre 1806, Napoléon Ier signa, au camp de Posen, le décret qui autorisait provisoirement « l'association religieuse établie dans le diocèse d'Autun, sous le nom de Saint-Joseph, dans le but de former les enfants au travail, aux bonnes mœurs et aux vertus chrétiennes ». Ce fut avec une grande joie et une profonde reconnaissance que Mlle Javouhey reçut, le 27 janvier 1807, du ministre des cultes et de l'évêque du diocèse, les lettres qui lui apprenaient cette heureuse nouvelle. Sans tarder, Mgr Imberties, toujours plein de bienveillance, s'empressa de sanctionner les statuts du nouvel institut, lui donnant ainsi une existence canonique. On songea alors à préparer la première cérémonie de prise d'habit et de profession des aspirantes, au nombre de neuf ; car aux quatre sœurs, les premières et les vraies fondatrices, étaient venues se joindre cinq autres jeunes personnes. Mlle Javouhey se rendit à Dôle pour y faire, dans le silence, une retraite préparatoire, où, comme ses notes en témoignent, elle fut favorisée de grâces signalées et de lumières surnaturelles; puis elle rentra en toute hâte à Chalon afin d'aider ses compagnes à se préparer au grand acte qu'elles allaient faire en commun, le 12 mai 1807. La cérémonie fut présidée par Mgr Imberties, dans cette même église Saint-Pierre où, deux ans auparavant, Anne Javouhey et ses sœurs avaient assisté à la messe du Saint-Père et reçu sa bénédiction apostolique avec ses précieux encouragements. Dans la ville de Chalon ce fut une fête générale; on vint processionnellement chercher à leur demeure les nouvelles fiancées du Seigneur pour les conduire jusqu'au pied de l'autel, où Mgr l'évêque d'Autun, revêtu des habits pontificaux et entouré d'un nombreux clergé, les attendait. Après le chant du *Veni Creator*, le prélat leur adressa une exhortation appropriée à la circonstance, puis elles prononcèrent, à haute voix, les trois vœux ordinaires de religion, y joignant celui de se dévouer à l'instruction de la jeunesse. Le pontife bénit ensuite leurs habits religieux, qu'elles allèrent revêtir à la sacristie, pour reparaître aussitôt avec les livrées de Notre-Seigneur. Anne Javouhey, l'aînée, qui avait alors vingt-sept ans, reçut le nom de sœur *Anne-Marie*; la seconde, Pierrette, âgée de vingt et un ans, devint sœur *Marie-Thérèse*; Marie, la troisième, qui avait un peu moins de vingt ans, prit le nom de *Marie-Joseph*; et, enfin, la plus jeune, Claudine, âgée de dix-sept ans à peine, reçut celui de *Rosalie*.

Dans la soirée, Mgr Imberties, accompagné du curé de Saint-Pierre et de plusieurs autres ecclésiastiques, se transporta à la communauté pour y réunir les religieuses en chapitre et procéder à l'élection de la supérieure. Toutes les voix se réunirent pour donner l'autorité régulière à celle qui était le fondement et l'âme de la petite société, dès lors canoniquement établie et authentiquement reconnue par l'autorité diocésaine comme institut religieux.

CHAPITRE III

**Le noviciat à Autun. — Essai de petits établissements.
Origine de celui de Cluny.
Le siège de l'Institut y est transféré.**

Le petit grain de sénevé jeté en terre sous les auspices de saint Martin, le 11 novembre 1798, après un long travail de germination, avait enfin paru au jour et donné naissance à la congrégation de Saint-Joseph.

Le bienveillant évêque d'Autun désirait vivement, tout en conservant l'établissement de Chalon, installer la maison principale de la société naissante dans sa ville épiscopale. L'autorité civile y consentit, « tout en regrettant, écrivait le préfet de Chalon, que cette ville ne pût présenter les mêmes ressources qu'Autun ». Les dispositions favorables de l'évêque et du préfet permirent à la Révérende Mère d'obtenir la jouissance provisoire de l'ancien grand séminaire, dont la Révolution avait dépouillé le diocèse et qui était demeuré inoccupé. Elle s'y installa dès l'été de 1807, et, peu de jours après, elle écrivait à son père : « Je vous prie de remercier le Seigneur, car, pour moi, je ne puis qu'admirer cette grande bonté de Dieu et me taire... » Toutefois les choses ne marchèrent pas comme elle l'avait espéré ; des difficultés survinrent, si bien que, deux fois en trois mois, elle dut aller plaider sa cause elle-même à Paris. Elle finit par obtenir ce qu'elle désirait, et, tranquille sur la jouissance de l'immeuble, elle rentra à Autun pour entreprendre les indispensables travaux de restauration de ces vastes bâtiments. Elle dut pour cela s'engager dans des dépenses considérables ; mais ne sachant reculer devant aucun obstacle quand il s'agissait de se procurer les moyens de faire le bien, elle se mit à l'œuvre avec courage ; elle-même fit les plans, dirigea et anima les ouvriers, comme autrefois sainte Thérèse dans les fondations de ses monastères, si bien qu'en peu de temps elle put ouvrir pour les jeunes filles une école, qu'elle compléta bientôt par des ateliers divers et même par un petit pensionnat.

Malgré ces occupations, elle ne perdait pas de vue ses filles restées à Chalon et multipliait les démarches afin de leur venir en aide. Leur pauvreté était extrême, et au milieu de ses propres embarras, la Révérende Mère, ne pouvant rien faire pour elles, résolut d'appeler son père à leur secours, ce qu'elle fit par une lettre fort touchante. Le digne M. Javouhey, avec sa libéralité ordinaire, alla au plus pressé, et par son inépuisable charité rassura sa fille aînée. A peine tranquillisée de ce côté, celle-ci reporta toute sa sollicitude et son activité vers l'établissement d'Autun. Hélas ! ce n'était pas sans de grandes difficultés qu'elle devait mener à bonne fin l'œuvre de cette restauration. Déjà elle était parvenue à réparer convenablement l'ancienne chapelle, et le 15 octobre 1808, la fête de sainte Thérèse put y être célébrée avec solennité par Mgr l'évêque, qui y offrit le saint sacrifice pour la première fois, après seize ans d'interruption. Mais ces consolations furent suivies de bien grands soucis, car les dépenses faites pour la réparation du séminaire portèrent une si grave atteinte à son pauvre budget, que la petite communauté fut réduite de nouveau à une excessive détresse ; les réclamations d'argent arrivaient de toutes parts, et d'autant plus pressantes que la situation était plus critique. Le maire de la ville voulut alors, comme indemnité des frais occasionnés par ces travaux, solliciter lui-même des secours du préfet, mais cette bienveillante intervention resta sans résultat. Dans cette extrémité, la Révérende Mère dut, au risque de mécontenter son père, s'animer de courage une fois encore et lui exposer sans détour la situation. A cette nouvelle, M. Javouhey accourut à Autun, reprocha vivement à sa fille son imprudence et sa témérité — il ne pouvait guère faire moins — et après s'être informé exactement de l'état des choses, il n'hésita pas un moment et prit à sa charge toutes les dettes de sa fille. Il fit même annoncer dans la ville, par le crieur public, qu'il paierait tous ses créanciers. La Révérende Mère, profondément reconnaissante de la générosité de son digne père, se réjouit surtout de le voir recueillir le mérite de sa charité.

« Ah! je vous en prie, lui écrivait-elle quelques jours après, ne murmurez pas, ne blâmez pas mes actions : Dieu en est le principe et la fin. Si les hommes sont contre moi, peu importe, pourvu que Dieu soit pour moi et que je fasse sa volonté sainte ! Vous avez, mon cher père, laissé ici la bonne odeur de vos vertus ; chacun vient me faire compliment sur le bonheur d'avoir de tels parents. Oh! que je le sens mieux que personne, surtout en pensant que vous faites tout cela pour la gloire de Dieu, qui vous en récompensera éternellement ! »

Après ces inquiétudes et ces épreuves successives, la Révérende Mère put goûter quelque repos ; elle en profita pour s'occuper de la formation de ses filles. Dès que la maison d'Autun avait été en état de recevoir les aspirantes de la congrégation, la Révérende Mère y avait transporté le noviciat ; c'est là qu'elle put leur donner ses soins, les formant plus encore par ses exemples que par ses paroles. Ce qu'elle chercha de bonne heure à leur inspirer, comme devant être l'*esprit propre du nouvel institut,* ce fut surtout l'estime et l'amour de la simplicité, de l'humilité, de l'abnégation et du sacrifice. Elle voulait des vertus fortes et généreuses, des âmes qui fussent à l'épreuve de la pusillanimité et du découragement. Rien ne lui était plus agréable que de voir des physionomies ouvertes et des visages épanouis. Elle désirait pour ses filles cette bonne rondeur, cette pieuse gaieté et cette douce amabilité qui sont ordinairement le partage des âmes détachées de tout parce qu'elles ont tout donné à Dieu avec générosité.

Sous ces différents rapports, elle aurait pu dire : Imitez-moi !... car elle-même était vigoureusement douée, ferme, énergique, et cependant vraiment humble et détachée. Dieu, sans doute, l'avait faite ainsi en vue des longues contradictions et des luttes de toute sorte qu'elle devait rencontrer pendant le cours de sa vie toujours laborieuse.

En 1810, au bout de trois années d'existence, la petite société allait commencer à sortir de ses langes. Elle ouvrit successivement plusieurs écoles dans la Bourgogne, dans la Franche-Comté et jusque dans le diocèse de Meaux, afin de venir au secours de populations dénuées de ressources pour l'éducation des enfants. Mais une autre œuvre de miséricorde vint s'offrir à son zèle. On était arrivé au terme de la concession provisoire du séminaire d'Autun, dont la Révérende Mère jouissait depuis trois ans; sans vouloir reprendre entièrement possession de ces vastes bâtiments, le gouvernement laissa la communauté dans une des ailes et désigna le reste de l'édifice comme lieu d'internement pour les prisonniers espagnols et autrichiens alors si nombreux en France. Ils arrivaient entassés dans des fourgons, presque tous atteints du typhus et des fièvres pernicieuses, et dans un état si lamentable, que chaque jour en voyait mourir un grand nombre. Les filles de la Révérende Mère se firent les infirmières volontaires de tous ces malheureux; elle-même, donnant à toutes l'exemple du plus entier dévouement, se dépensait sans compter

et se prodigua tellement, qu'elle fut atteinte par la
contagion et bientôt réduite à l'extrémité. On dut
l'administrer, et elle ne songeait plus qu'à paraître
devant Dieu, lorsque, dans un mouvement spontané
de foi et de piété filiale, la communauté fit un vœu
pour obtenir du ciel la conservation d'une vie aussi
précieuse. Un changement subit et complet s'opéra
aussitôt dans l'état de la malade, elle recouvra la santé
presque sans transition : c'était une véritable résur-
rection qui tenait du prodige et dont le souvenir fut
gardé avec une profonde reconnaissance.

Cependant la Révérende Mère comprit qu'elle ne
pouvait guère occuper plus longtemps le séminaire,
et se retira avec ses filles dans un des quartiers les
plus pauvres de la ville pour y continuer les œuvres
de charité entreprises depuis 1807. Dans le même
temps, elle apprit qu'un ancien couvent de Récollets
se trouvait en vente à Cluny, à quelques pas de la
célèbre abbaye bénédictine dont le nom remplit les
plus glorieuses pages de l'histoire monastique du
moyen âge. Ce nom vénérable, ces souvenirs d'un
autre âge, cette ancienne possession religieuse, l'op-
portunité du moment, tout semblait réuni pour faire
considérer cette nouvelle comme un message venu
du ciel. Aussitôt elle fit part à son père de son désir
d'acquérir cet immeuble, et plaida si bien sa cause,
que M. Javouhey consentit à s'imposer encore un
nouveau sacrifice pour faire l'acquisition tant désirée,
le 19 mars 1812. Dès le mois suivant, la Révérende
Mère y établit la maison-mère ainsi que le noviciat de
la congrégation. Ces lieux bénis, tout pleins des glorieux souvenirs de l'ordre qui a immortalisé le nom
de Cluny, lui paraissaient d'un bon augure pour sa
petite société, car elle avait un véritable culte pour
les traditions monastiques. Dans la suite, plusieurs
autres importantes fondations de l'institut trouveront
aussi asile dans d'anciens monastères, comme si Dieu,

pour unir le passé au présent, avait voulu rattacher l'œuvre bien faible encore de la Révérende Mère au vieux tronc bénédictin, qui, pendant tant de siècles glorieux, avait couvert la France de ses puissants rameaux.

La prise de possession de la nouvelle maison eut lieu avec une grande solennité, et les œuvres de zèle et de charité des sœurs apprirent bientôt aux habitants de Cluny que le dévouement religieux n'avait point péri sous les ruines du plus vaste et du plus riche des monastères de notre vieille France.

Au moment où Cluny ne pouvait encore donner que des espérances et où plusieurs autres entreprises avaient échoué, la Révérende Mère Javouhey, dont l'œuvre comptait à peine huit années d'existence, crut devoir, sans ressources, sans amis, sans protecteurs, tenter une fondation à Paris. Humainement parlant, ce dessein était irréalisable ; mais forte de sa confiance en Dieu, la Révérende Mère voulait réaliser ce qu'elle pensait être *la sainte volonté de Dieu*. Les débuts furent très pénibles ; pour tout autre, ils eussent été décourageants : les sœurs souffraient tout ce que l'isolement, la contradiction et la pauvreté peuvent causer de peines et d'amertumes ; mais la vénérée Mère, ne se laissant pas abattre si facilement, les soutenait et les encourageait par des pensées de foi. Dieu mit enfin un terme à l'épreuve. Le futur cardinal de Toulouse, M. l'abbé d'Astros, alors administrateur du diocèse de Paris, ayant eu l'occasion de voir les efforts héroïques et la constance de la Révérende Mère, apprécia son courage et sa vertu, et, non content de la défendre et de la soutenir, il la recommanda si bien qu'une école publique lui fut bientôt confiée.

Le zèle et le dévouement des sœurs furent remarqués, et leurs succès leur valurent des éloges mérités. L'établissement fut plusieurs fois visité par des personnages importants, entre autres par M. Desbassyns de Richemont, intendant de l'île Bourbon, qui, pendant son séjour en France, étudiait les améliorations à introduire dans son île, particulièrement pour l'instruction de la jeunesse. Dès ses premiers rapports avec la vénérée fondatrice, il fut charmé par son affabilité, par sa simplicité et surtout par la largeur de ses vues pour l'éducation des enfants de la classe pauvre; son choix fut alors fixé, et, sans tarder, il la pria de lui donner quelques-unes de ses sœurs pour s'occuper à Bourbon de l'instruction des enfants blancs, mulâtres et noirs. Aussitôt qu'il lui fut parlé de ces trois races distinctes, la Révérende Mère se souvint des enfants de couleurs différentes qui lui avaient été montrés dans sa vision de Besançon en même temps qu'elle entendait cette parole : « Ce sont les enfants que Dieu te donne. » Profondément émue, elle admira et adora en silence les desseins de la Providence et n'opposa aucune difficulté à cette proposition. M. Desbassyns se chargea de traiter l'affaire avec le gouvernement de Louis XVIII. Le ministre de l'intérieur, M. Lainé, qui déjà plusieurs fois avait entendu parler avantageusement de la Révérende Mère Javouhey, voulut la voir à cette occasion et lui demanda en termes très flatteurs son aide pour les colonies. Voyant dans ce fait la réalisation d'une vocation spéciale que Dieu lui avait manifestée quinze ans auparavant, et comprenant alors la raison première de cette impulsion irrésistible et inexplicable qui l'avait amenée à Paris, contre toutes les raisons de la prudence humaine, la Révérende Mère accepta humblement et simplement l'offre du ministre et s'occupa aussitôt de la réalisation de ce grand projet.

CHAPITRE IV

La demande officielle des sœurs pour l'île Bourbon
eut lieu le 27 août 1816, et le départ se fit le 10 janvier 1817.

La Révérende Mère s'appliqua avec beaucoup de
soin à choisir et à préparer le personnel de cette
première fondation coloniale; elle conduisit elle-même
ses chères filles à Rochefort, port d'embarquement,
leur donna de précieux avis, nomma l'une d'elles,
sœur Marie-Joseph, supérieure, les embrassa avec
tendresse et les bénit en les confiant à la divine Providence.

Ce premier départ excita partout l'admiration et la
surprise, car on n'était pas habitué à voir de faibles
femmes aller ainsi porter leur dévouement sur des
plages lointaines et entreprendre dans ce but de
pénibles et périlleux voyages, dont la durée dépassait
souvent cinq ou six mois! Quelques sœurs de Saint-
Paul de Chartres, il est vrai, avaient été appelées aux
colonies au xviiie siècle, mais c'étaient des faits isolés,
et la véritable initiative de cette vie apostolique pour
les femmes devait appartenir en propre à la Révérende Mère Javouhey. Les sœurs, parties de France
le 10 janvier, débarquèrent le 28 juin à l'île Bourbon;
leur première école, ouverte à Saint-Paul, ne compta
au début que quelques enfants de couleur; mais peu

à peu elle prit, grâce à leur dévouement, des accroissements satisfaisants. L'état de la colonie, à cette
époque, était lamentable à tous égards ; cependant,
en dépit des difficultés de la situation, le bien commençait à se faire. La petite communauté se compor-
tait à merveille et sut bien vite conquérir, avec la
confiance des autorités, l'estime et même la vénération de la population. Aussi, peu de mois après cet
essai, le ministre de la marine fit part à la Révérende
Mère de sa satisfaction et de celle du gouverneur, et
lui demanda de fonder une seconde maison à Saint-
Denis. Pleine de joie et de reconnaissance pour ce
premier succès, la Mère fondatrice s'empressa d'envoyer quatre nouvelles sœurs, qui s'embarquèrent à
Brest au mois de mai 1818. Arrivées à Bourbon en
septembre de la même année, elles ouvrirent leur
école le 1er janvier 1819 : les classes furent bientôt
remplies, et le succès de la maison de Saint-Denis ne
tarda pas à dépasser celui de la maison de Saint-Paul.

En France, la congrégation prenait chaque jour un
nouvel accroissement. Un des établissements les plus
intéressants de cette époque est celui de Saint-
Marcel-lez-Chalon, assis sur les débris de l'ancienne
abbaye de ce nom, où le Souverain Pontife Pie VII,
durant son séjour à Chalon en 1805, avait voulu aller
vénérer les reliques de saint Marcel, l'apôtre du pays.

En 1819 avait lieu la fondation toute providentielle
de la maison de Bailleul-sur-Thérain, qui devait tenir
une place importante dans la congrégation ; à un
moment des plus critiques pour la Révérende Mère,
Mme la comtesse de Ruffo vint lui offrir, pour une
période de dix-huit années, la jouissance de son vaste
château de Bailleul avec ses dépendances, à la seule
charge de réciter quelques prières et de faire célébrer
quelques messes. Cette demeure spacieuse, commode,
agréable, située à trois lieues de Beauvais, dans un
endroit charmant, devint presque à ses débuts un

centre pour les affaires et le personnel de l'institut, et son rôle ne s'amoindrit qu'au moment où s'établit la maison de Paris, appelée à remplacer celle de Bailleul à l'expiration de la généreuse concession de Mme la comtesse de Ruffo.

A peine la fondation de Bailleul était-elle achevée, que l'administration départementale offrit à la Révérende Mère la direction de l'Hôtel-Dieu de Beauvais. Elle accepta, y envoya les vingt sœurs demandées par le préfet et nomma supérieure de cette communauté la chère Mère Marie-Joseph, sa sœur, comme elle avait confié la maison de Bailleul-sur-Thérain à la Mère Clotilde Javouhey, sa nièce.

D'autre part, la vénérée Mère n'oubliait pas les intérêts généraux de sa congrégation ; il était nécessaire de lui donner des statuts plus précis et plus complets que ceux de 1806, qui, du reste, n'avaient reçu qu'une sanction provisoire. Le pieux évêque d'Autun, Mgr Imberties, voulut bien se charger de ce travail, qu'en vue d'une approbation définitive il rédigea sous le titre de « Statuts et Règlements de la Congrégation religieuse et hospitalière de Saint-Joseph ». Bientôt fut signée, le 12 mars 1819, une ordonnance royale qui spécifiait le but de l'institut, reconnaissait son chef-lieu à Cluny et l'autorisait sous le titre de « Congrégation hospitalière et enseignante de Saint-Joseph ». Cet acte important donna à l'institut une force nouvelle vis-à-vis du gouvernement et des autorités civiles, et au point de vue religieux, la sanction épiscopale lui fut une grande recommandation auprès des évêques et du clergé.

Pendant que la congrégation se développait en France et prospérait à Bourbon, le ministre de l'intérieur, M. Laîné, demanda à la Révérende Mère quelques-unes de ses filles pour réorganiser et desservir l'hôpital de Saint-Louis au Sénégal. Elle choisit aussitôt le personnel de cette nouvelle communauté,

dont elle confia la direction à sa plus jeune sœur, la
Mère Rosalie. Mais, au dernier moment, effrayée des
difficultés, elle résolut d'aller en personne faire cette
nouvelle fondation. « Le pays est mauvais, écrivait-
elle, c'est précisément pour cela que je dois y aller
et voir les choses par moi-même... » Ce ne fut qu'à
grand peine que la Révérende Mère Rosalie, luttant
de générosité avec sa sœur, put l'empêcher de partir
en lui faisant comprendre que sa présence était
indispensable en France pour le développement et le
gouvernement de l'institut. La vénérée fondatrice se
rendit aux raisons de la Mère Rosalie, mais elle
voulut conduire à Rochefort ses chères filles. Celles-ci
ne purent s'embarquer que le 2 février 1819, après
plus de deux mois d'attente; il lui fallut donc les
laisser au port et retourner à ses affaires. Du moins,
jusqu'au départ, il y eut, entre les filles et la mère,
un échange de lettres pleines d'intérêt, de charme et
d'élévation; nous ne pouvons, faute de place, y faire
aucun emprunt; qu'il nous suffise de les signaler en
passant et de constater tout le bien qu'elles produi-
saient : « Vos lettres, lui écrivait la Mère Rosalie,
sont une semence qui rapporte cent pour un... » La
traversée fut dure; une tempête terrible mit le navire
en danger; mais les sœurs, au milieu de l'effroi
général, demeurèrent calmes et fermes, et pas une ne
songea à regarder en arrière pour regretter ce qu'elle
avait quitté à la voix de l'obéissance. On débarqua à
Saint-Louis le jour même de la fête de saint Joseph,
19 mars 1819.

Une bien douloureuse impression y saisit les sœurs
à leur arrivée : l'église de Saint-Louis était sans pasteur depuis huit mois, l'édifice même qui avait servi
à l'exercice du culte était tombé en ruines et avait
disparu entièrement. On peut en conclure la déplorable situation religieuse du pays ! Les catholiques ne
l'étaient que de nom, et presque tous les Européens

donnaient à la population, composée de nègres, de mulâtres et de maures, le spectacle de leurs vices et de leur indifférence en matière de religion.

« Il faut être ici et voir les choses de près, écrivait la Mère Rosalie, pour croire qu'elles existent de cette manière. Si je me permettais de vous dire tout ce que j'ai vu et entendu des usages et des habitudes de ce pays vraiment sauvage, vous ne voudriez pas le lire deux fois... Il vaut mieux fermer les yeux, gémir et supplier Dieu qu'il veuille bien les éclairer. »

Les sœurs, sans perdre courage, se mirent vaillamment à leur tâche : l'hôpital, ou du moins l'établissement qui en portait le nom, était dans un désordre et un dénûment complets. Ne pouvant guère compter sur le concours des négresses qui servaient de domestiques, les religieuses eurent tout à faire, et leur dévouement fut d'autant plus admirable que le climat tropical rend toujours ces travaux plus pénibles et plus dangereux pour les Européens. On vit bientôt l'ordre et la propreté régner partout, et la situation des malades se trouva notablement améliorée. Une école fut ouverte, et l'exemple des sœurs commença à faire comprendre à ces natures insouciantes et paresseuses la dignité et la noblesse du travail.

Deux mois s'étaient à peine écoulés, lorsqu'un coup bien terrible et tout à fait inattendu atteignit la communauté : le préfet apostolique, mécontent de l'indifférence et de l'opposition qu'il rencontrait dans les autorités coloniales, jugea que son ministère était devenu impossible et rentra à Paris, en jetant l'interdit sur la colonie. Cette mesure rigoureuse privait les sœurs non seulement d'un pasteur, mais encore de l'usage des sacrements. Cette douloureuse épreuve, malgré les réclamations et les supplications de la Mère Rosalie, malgré toutes les démarches faites à Paris par la Révérende Mère fondatrice, se prolongea durant dix-huit mois !... Pendant cette longue détresse spirituelle, Dieu avait visiblement protégé les sœurs, car toutes traversèrent la dangereuse période de l'acclimatement sans ressentir la moindre atteinte des redoutables maladies qui exerçaient impitoyablement leurs ravages sur les Européens. Cette assistance spéciale dura seulement le temps de leur abandon : après l'arrivée de leur nouveau pasteur, elles cessèrent d'être épargnées et commencèrent à payer, à tour de rôle, leur tribut à la contagion, au point que plusieurs durent, sans tarder, être rapatriées.

La venue du nouveau préfet apostolique fut une grande consolation pour les filles de la Révérende Mère Javouhey ; néanmoins, elles souffraient beaucoup de l'hostilité sourde dont son prédécesseur s'était plaint amèrement et qui avait occasionné son départ.

Au bon vouloir et à l'empressement qu'on leur avait montrés au début, avait succédé un système de surveillance tracassière qui ne leur laissait ni repos ni tranquillité, et où perçait souvent une malveillance mal contenue. Pour surcroît de malheur, le gouverneur, M. Schmaltz, qui avait toujours été pour l'institut un ami sincère et un protecteur dévoué, fut rappelé en France, à la grande et douloureuse surprise de la communauté.

Pendant que l'œuvre de cette colonie s'établissait ainsi péniblement, l'nistitut voyait encore s'étendre son champ d'action déjà si vaste : le ministère demandait encore vingt sœurs pour fonder deux établissements nouveaux à Cayenne et à la Guadeloupe et augmenter le personnel de Bourbon et du Sénégal. Le ministère profitait de cette occasion pour transmettre à la Révérende Mère le témoignage de sa haute estime et de la satisfaction du gouverneur de l'île Bourbon, qui lui écrivait en ces termes : « Tout le bien que l'on peut dire des sœurs de Saint-Joseph est au-dessous de celui qu'elles méritent ; ce sont des filles qui se conduisent comme des anges. »

La Révérende Mère fit diligence pour réunir le nombre de sœurs demandé, et alla encore elle-même les conduire à Rochefort. Elle voulait profiter des dernières semaines pour achever de les préparer à la mission de dévouement et de sacrifice confiée à leur jeunesse et à leur inexpérience ; mais, de plus, cette fois, elle avait un autre but, connu seulement de ses sœurs, la Révérende Mère Marie-Thérèse, supérieure de Cluny, et la Révérende Mère Marie-Joseph, supérieure de Beauvais : elle était décidée à passer au Sénégal, afin de lutter elle-même contre les obstacles qu'on y rencontrait, et de se dévouer personnellement à ses chers Noirs. La vénérée Mère s'embarqua le Ier février 1822, sur la *Panthère,* avec six Sœurs qui devaient remplacer celles que la maladie avait obligées de rentrer en France. En partant, elle écrivait à son digne frère, M. Pierre Javouhey :

« Tâchez, mon cher frère et mes chères sœurs, de suppléer à tout : le bon Dieu vous en fera la grâce. Je désire que vous soyez tous heureux et tranquilles, que le sacrifice que je fais soit pour la gloire de Dieu et le bien de notre Congrégation. Je vous charge de faire agréer mon départ à ma Sœur Clotilde et à toutes mes filles. Vous ferez tout pour le mieux... Adieu, mon cher frère ; si Dieu dispose de moi, soyez toujours le protecteur et le père de nos chers enfants !... »

Après un mois environ de traversée, la *Panthère* arrivait au Sénégal. Qu'on s'imagine, s'il est possible, la joie de la Révérende Mère Rosalie et de ses filles, en se jetant dans les bras de leur vénérée Mère ! Quel soulagement pour leur esprit et pour leur cœur, que l'arrivée de celle qui, comme un pilote énergique, allait prendre en main le gouvernail, et remettre en bonne voie leur pauvre petite nacelle, jusqu'à ce moment si ballottée par les vents et les flots !... Il y avait à peine deux mois que la Révérende Mère était à Saint-Louis, et déjà on ressentait partout les heureux effets de sa présence. Sous sa forte direction et ses maternels encouragements, tout commençait à se relever et à s'animer. Une impulsion vigoureuse et une initiative ferme se substituaient à l'attitude quelque peu timide de la Révérende Mère Rosalie, qui, par un effet de sa grande bonté d'âme et de son exquise délicatesse de sentiments, semblait trouver plus de force et de facilité pour souffrir en silence, que de fermeté pour dominer une situation du reste extrêmement difficile. La présence de la Révérende Mère était donc nécessaire pour remettre toutes choses en de meilleures conditions ; elle ne se ménagea point, et mit la main à tout; aucun détail n'échappa à sa vigilance. Cependant, au milieu de ses sollicitudes et de ses travaux, la Révérende Mère n'oubliait pas les intérêts de l'institut en général, et spécialement des communautés de France, où l'on sentait si vivement son absence; aussi, pour en atténuer les effets, elle eut le courage et l'abnégation de se séparer de sa chère sœur, la Révérende Mère Rosalie, qu'elle fit rentrer au centre de l'institut, afin de l'adjoindre à ses sœurs, et plus particulièrement à la Mère Clotilde, pour s'occuper des affaires de la congrégation et du gouvernement des communautés.

Tranquille de ce côté, la Révérende Mère partit pour Gorée, où elle alla fonder un hôpital : elle se mit à l'œuvre avec cette volonté dévouée, ardente, énergique, qui ne lui faisait jamais défaut, et à l'aide de laquelle elle triomphait de tous les obstacles; grâce à son activité, tout fut promptement et heureusement organisé. Le soulagement des maux corporels n'était qu'une bien petite partie de ses préoccupations, surtout à l'égard des Noirs, qu'elle se plaisait à considérer comme *la portion la plus chère que la Providence lui confiait à elle et à sa congrégation.*

Ses vues ne s'arrêtaient donc pas aux limites d'un hôpital, elles allaient bien plus loin et bien plus haut. Aussi, dès que la Révérende Mère eut commencé à se rendre compte de l'état de la population indigène, elle fut saisie d'une immense compassion et d'un ardent désir de lui procurer, dans la mesure de ses forces et de son pouvoir, le bienfait de la foi, seule capable à ses yeux de réhabiliter cette race infortunée. Cette grande pensée fut sa préoccupation constante ; son amour pour les Noirs grandissait à mesure qu'elle voyait de plus près leur profonde misère, et toutes ses lettres, à cette époque, sont remplies de l'expression touchante des sentiments qui débordaient de son cœur. Elles nous révèlent l'émotion croissante que faisait naître en elle une connaissance plus approfondie de leur aveuglement, de leur dégradation et de leur ignorance, et nous montrent ses projets et ses désirs s'élargissant en proportion. En même temps, Dieu éclaira son âme par de nouvelles lumières, et elle comprit qu'il viendrait à son aide dans la lutte qu'elle entreprenait contre les superstitions grossières et le fanatisme des Noirs. Mais voyant, d'une part, que l'instruction et l'éducation de l'enfance ne suffiraient pas pour arriver à ces fins, et, d'autre part, que, seule avec son institut, elle ne pourrait faire face à une tâche dont elle entrevoyait toutes les difficultés, elle eut la double pensée de faire entrer le gouvernement dans ses vues de civilisation en faveur de la race africaine, et de former une société de missionnaires ayant pour but de se dévouer entièrement à cet apostolat. Un pareil dessein n'était pas facile à réaliser, à un moment surtout où il y avait en France tant de ruines à relever et tant d'œuvres naissantes à soutenir. La Révérende Mère était convaincue que telle était bien la volonté de Dieu, mais elle doutait que le moment fût venu de l'accomplir ; aussi elle disait avec résignation, comme si l'avenir lui avait été révélé : *Je saurai attendre l'heure de Dieu et l'homme de son choix.*

Cette disposition est d'autant plus remarquable, qu'en ce même temps Dieu commençait à préparer l'homme qu'il destinait à cette sainte entreprise : un Juif d'Alsace, ouvrant les yeux aux lumières de l'Évangile, demandait le baptème et allait bientôt fonder, au milieu de mille difficultés, la congrégation du Saint-Cœur-de-Marie, dans le but de travailler à la conversion des Noirs : nous avons nommé le vénérable Libermann, que sa vocation apostolique et sa mission spéciale devaient rapprocher providentiellement de la Révérende Mère Javouhey, pour l'aider à réaliser ses vastes projets.

En attendant, celle-ci continuait son œuvre sans trève ni défaillance. Elle se rendit à Dagana, à quarante lieues de la côte, sur le Sénégal, afin d'y préparer l'établissement d'une colonie agricole pour les jeunes Noirs, dont elle voulait arriver à faire des hommes laborieux et chrétiens. Durant deux mois, elle vécut parmi les nègres et de la même vie qu'eux, ce qui donna à son zèle une nouvelle impulsion. Avant de rentrer en France, où on la réclamait instamment, elle voulut encore accomplir un voyage d'exploration dans la Sénégambie et la Guinée. Le gouverneur général de tous les établissements anglais de la côte occidentale d'Afrique, sir Mac-Carthy, la pressait de faire quelques fondations sous la protection du gouvernement britannique. Elle partit donc, avec une sœur très apte aux soins des malades, et une jeune esclave de dix ans, nommée Florence, qui, depuis ce moment, devint sa fidèle et dévouée compagne. Cette enfant avait été capturée sur un négrier, et vendue, comme tant d'autres, sur le marché de Saint-Louis ; et, comme elle était d'un physique agréable et d'une intelligence exceptionnelle, on l'avait achetée « pour en faire don à la chère Mère

Générale ». Celle-ci s'intéressa vivement à la petite esclave, s'attacha à elle, et lui témoigna une affection qui ne se démentit pas et dont l'enfant se montra toujours digne.

La Révérende Mère s'arrêta quelques mois à Sainte-Marie de Bathurst, où elle se dépensa tout entière au service des malades, et organisa un hôpital avec le concours éclairé de la sœur qu'elle avait amenée, et qui y resta avec une autre sœur appelée provisoirement de Gorée. Elle-même partit pour Sierra-Leone avec la petite Florence. Elle trouva dans cette nouvelle colonie, comme à Bathurst, d'innombrables misères à soulager. La fièvre jaune faisait alors de terribles ravages à Sierra-Leone, et la Révérende Mère dut multiplier ses efforts en proportion des immenses besoins qui l'entouraient. En vain sir Mac-Carthy la suppliait-il de ne point exposer sa vie si précieuse en demeurant au milieu du foyer de la contagion ; en vain lui demandait-il de consentir au moins à prendre quelques précautions et à modérer son zèle, rien ne pouvait l'empêcher d'accomplir ce qu'elle pensait être son devoir.

A ce moment même, le ministre de la marine et le gouverneur du Sénégal l'engageaient à quitter Sierra-Leone et à rentrer en France ; mais elle se refusait à abandonner ce champ d'honneur, et devenait éloquente pour calmer les inquiétudes et les légitimes impatiences de ses filles, à qui elle écrivait : « Je fais plus ici pour la congrégation que je n'aurais jamais pu faire en France, puisque je lui prépare les moyens de travailler au salut des âmes et au soulagement du prochain. Nos établissements d'Afrique méritent toute notre sollicitude : c'est ici la portion du champ que le Père de famille nous donne à défricher ; plus il y a de ronces et d'épines, plus nous devons espérer qu'en le travaillant, le bon grain y rapportera cent pour un. »

Bientôt l'héroïque Mère Javouhey fut atteinte elle-même par la contagion : le mal fit des progrès effrayants, et en quelques jours elle fut réduite à la dernière extrémité. La petite Florence, seule avec elle, l'entoura des soins les plus affectueux ; mais Dieu réservait sa fidèle servante pour de plus grands travaux : le danger se dissipa, et de suite, malgré son extrême faiblesse, elle voulut recommencer sa vie de labeur et de charité ; elle ne consentit à quitter le pays qu'en voyant l'impossibilité absolue de continuer son œuvre.

Elle reprit donc la mer, s'arrêta quelques semaines à Bathurst, puis à Gorée, et arriva à Saint-Louis dans les premiers jours de septembre 1823. Son état d'épuisement et de souffrance était tel, qu'il fallut la transporter en hamac à la communauté. Les soins de ses filles, son énergie morale et surtout la protection divine écartèrent bientôt les alarmes ; toutefois le mal avait été si grave que, bien des mois après son retour en France, l'altération de ses traits dénotait encore tout ce qu'elle avait souffert.

A Saint-Louis, la Révérende Mère continua les œuvres commencées, autant que ses forces le lui permirent. Son séjour à Sierra-Leone semblait avoir augmenté encore son ardeur apostolique, et plus que jamais on la vit disposée à tout sacrifier pour gagner à Jésus-Christ les pauvres âmes de ses « chers Noirs ». Après deux années passées en Afrique, la vénérée fondatrice répondit aux appels réitérés qui lui venaient de France, et, emmenant avec elle sa chère petite Florence, elle partit en février 1824. Le 24 mars. elle arrivait à Paris, et se présentait au ministère de la marine, où elle reçut un accueil bienveillant et empressé. A Bailleul, elle retrouva enfin ses filles, qui, en la revoyant, oublièrent bien vite leurs tristesses et la longueur de son absence.

CHAPITRE V

**Développement de l'Institut en France.
Épreuves à l'île Bourbon.
Établissements aux Antilles, à la Guyane, dans l'Inde.**

Pendant ces deux années de labeurs incessants, la Révérende Mère n'avait réussi sans doute à exécuter qu'une très faible partie de ses vastes desseins ; mais quoiqu'elle ne s'en rendît pas un compte exact pour le moment, ses efforts et ses travaux étaient un acheminement réel vers l'œuvre de la moralisation et de la conversion des Noirs de l'Afrique. Son laborieux voyage avait eu d'excellents résultats : c'était d'abord l'affermissement et l'extension des œuvres commencées au Sénégal, œuvre que la Révérende Mère laissait dans une prospérité aussi complète que possible ; c'était encore la bonne impulsion donnée aux hôpitaux anglais, et surtout le spectacle du dévouement religieux s'exerçant au milieu de tant de dangers, en face de populations jusque-là impuissantes à concevoir l'esprit de générosité et de sacrifice ; c'était enfin la première iniative, en ce siècle, d'une œuvre catholique fondée dans des pays livrés à l'esclavage, à l'idolâtrie et à la corruption. D'un autre côté, le zèle admirable et désintéressé de la Révérende Mère avait attiré l'attention publique sur le nouvel institut de Saint-Joseph, et, ce qui était bien préférable, il avait excité dans tous les membres de la congrégation un saint enthousiasme et un ardent désir de marcher sur les traces de leur vénérée fondatrice.

En son absence, l'institut avait été sagement gouverné par ses deux sœurs et par la chère Mère Clotilde, auxquelles la Révérende Mère Rosalie était venue se joindre à son retour du Sénégal. Cette dernière, par la supériorité de son intelligence, sa sagesse et l'ascendant de sa vertu, commença dès ce moment à exercer sur tout l'institut, qui l'aimait et la vénérait tendrement, une douce et vraiment maternelle influence.

Par un heureux ensemble de qualités remarquables, la Mère Rosalie semblait tout naturellement désignée pour suppléer, autant qu'il se pouvait, à l'absence de la Révérende Mère Générale ; elle réalisa diverses améliorations très utiles pour le bien et l'avenir de l'institut, ne faisant en cela que mettre en pratique les conseils de la vénérée Mère, qui lui écrivait : « Visons au vrai bien, ne craignons pas de revenir sur nos pas si nous avons fait quelque fausse démarche. A mesure que l'expérience nous éclaire de ses lumières, profitons-en pour le bonheur de la congrégation et pour assurer le bien qu'on peut faire Pensez bien que je ne trouverai jamais mauvais qu'on remplace du médiocre par du meilleur. Tout ce que vous ferez de bien et de mieux que moi sera toujours approuvé et admiré par moi. »

A cette époque, l'institut était sollicité de divers côtés : plusieurs établissements assez importants (celui de Senlis entre autres) se formaient dans les diocèses de Beauvais et de Meaux, et en même temps l'on jetait les fondements d'œuvres lointaines qui devaient, dans l'avenir, tenir une large place dans les sollicitudes de la vénérée Mère. C'est ainsi que, sur la demande du ministre, la Mère Rosalie accepta la fondation de Mana, dans la Guyane, dont nous aurons à parler longuement plus tard, et aussi celle de la Martinique, où l'on projetait un établissement qui pût être, pour la colonie, quoique dans des proportions plus modestes, ce qu'était en France la maison royale de Saint-Denis.

L'institut se propageait donc rapidement dans les

pays d'outre-mer, tandis qu'il étendait en France de nouveaux et vigoureux rameaux. Et pourtant les épreuves et les traverses ne lui étaient pas ménagées. Dieu voulait sans doute, en le marquant du sceau de la croix, montrer qu'il était bien son œuvre, il voulait de plus faire éclater la vertu courageuse des dignes coopératrices de la Révérende Mère Javouhey, les maintenir dans leur humble défiance d'elles-mêmes, et implanter plus profondément encore dans leurs âmes ce confiant abandon à sa sainte volonté, qui devait être le caractère distinctif de leur famille religieuse.

Entre autres difficultés, l'institut, à cette époque, eut à lutter contre une grande gène pécuniaire ; sa situation financière, d'ordinaire assez tendue, était alors sensiblement aggravée, et la pauvreté habituelle, supportée toujours si religieusement par les sœurs, était devenue une véritable détresse qui rappelait les commencements de l'œuvre de la vénérée Mère à Seurre et à Souvans. L'avenir même pouvait paraître compromis, mais Dieu veillait sur la congrégation de Saint-Joseph, et sa divine Providence, qui ne devait jamais lui manquer, vint à son secours d'une façon inattendue au moment où les hommes semblaient impuissants à la soutenir.

Au mois de mars 1824, au moment où la Mère Rosalie apprenait l'arrivée en France de la Révérende Mère fondatrice, elle recevait une autre nouvelle qui affectait son cœur d'une manière bien différente : on lui annonçait que Mme Javouhey était à toute extrémité. La Mère Rosalie partit aussitôt pour Chamblanc, mais elle ne put y arriver à temps pour récueillir le dernier soupir de sa vertueuse mère, qui venait de mourir doucement entre les bras de sa seconde fille, la Révérende Mère Marie-Thérèse, supérieure de Cluny. Après quelques jours passés dans cette maison de deuil auprès de leur digne père, les deux sœurs se rendirent à Bailleul, « où elles confondirent leurs larmes et leurs regrets, avec la joie que leur occasionnait la présence si longtemps désirée et attendue de la Révérende Mère fondatrice » ; mais Dieu ne permit pas que cette douce réunion fût de longue durée.

Presque à ce même moment débarquait, à Nantes, la Mère Bathilde, supérieure des établissements de l'île Bourbon. Elle avait dû quitter son poste devant la situation qui lui était faite par les autorités civiles et ecclésiastiques. Celles-ci, croyant agir pour le bien, essayaient de détacher de l'institut les Sœurs qui se trouvaient dans cette colonie, afin d'en faire une sorte de congrégation indépendante, qui aurait pu rendre, pensait-on, plus de services au pays. Une religieuse habile et intrigante, nommée sœur Thaïs, s'était trouvée tout naturellement désignée par les circonstances pour devenir la tête de l'opposition ; mais, conçue par l'esprit de division et d'indépendance, conduite par des moyens peu conciliables avec la prudence, la circonspection, le respect des droits et des intérêts d'autrui, cette entreprise ne pouvait arriver à bonne fin. Cependant quatre années se passèrent en menées regrettables qui eurent un grand retentissement dans l'île. Lorsque la Révérende Mère fondatrice connut, par la Mère Bathilde, l'état exact des choses, elle se hâta d'envoyer à l'île Bourbon la Mère Rosalie, dans l'espoir que sa douceur, sa charité et l'ascendant de son caractère, joints à l'autorité dont elle était revêtue, lui gagneraient les esprits et lui ramèneraient des cœurs qui n'étaient peut-être entrés qu'à regret et de guerre lasse dans ce mouvement de séparation. Il en fut ainsi en effet, mais seulement après de longs mois d'épreuves fort pénibles pour la Révérende Mère Rosalie et les sœurs qui l'avaient accompagnée. Elles reçurent de sœur Thaïs et des autorités coloniales un accueil qui n'était rien moins que bienveillant.

Aucune humiliation ne leur fut épargnée ; abandonnées de tous et signalées à l'animadversion publique, on alla jusqu'à leur faire subir l'épreuve si dure pour elles de la privation de tout secours religieux. On faisait circuler sur leur compte les bruits les plus injurieux ; tous les moyens semblaient bons pour discréditer l'institut et la Mère Rosalie. On intercepta même la correspondance que cette dernière adressait à ses supérieurs de France, et surtout celle qui lui en arrivait. En butte à ces injustices, la Révérende Mère Rosalie donnait à tous l'exemple héroïque d'une vertu qui ne se démentit pas un seul instant ; elle, si humble par caractère, si éloignée des luttes et des discussions, demeura ferme et inébranlable sur tout ce qui regardait les principes de la discipline religieuse comme les droits et l'honneur de la congrégation ; par contre, elle s'inquiétait peu des injures et des vexations qui pouvaient être considérées comme personnelles, et elle les pardonnait de grand cœur. Le contraste qui existait entre la mansuétude et la patience de la Mère Rosalie et l'animosité de ses adversaires, commença à frapper ceux qui jugeaient sans parti pris les événements et les personnes, et le revirement qui s'opéra en sa faveur fut bientôt complet. L'orage qui avait paru devoir déraciner à jamais de Bourbon la congrégation, lui avait préparé, en réalité, un terrain plus solide et plus fertile. A peine les nuages de cette tempête étaient-ils dissipés, que le ministre de la marine et des colonies confiait aux filles de la Révérende Mère Javouhey l'hôpital militaire de Saint-Denis. Par sa conduite sage et prudente, par le courage et la grandeur d'âme qu'elle avait montrés dans ces épreuves, la Révérende Mère Rosalie avait attiré sur elle et sur sa congrégation l'estime et la sympathie de ceux qui avaient la direction supérieure à la marine et aux affaires ecclésiastiques. On y prenait de plus en plus confiance en l'institut, et l'on y tenait surtout sa fondatrice en grande considération. Celle-ci crut devoir prémunir sa vertueuse sœur. la Révérende Mère Rosalie, contre le danger inattendu de la prospérité étonnante qui succédait à des jours d'angoisses si pénibles. « Ma chère fille, lui écrivait-elle, je n'ai pas craint pour vous l'adversité, mais je crains beaucoup pour vos compagnes la prospérité ; celle-ci est bien plus dangereuse que l'autre. Prémunissez-les donc avec un grand soin contre ces dangers. Agissez en toute prudence et humilité. »

Puis, comprenant que l'esprit religieux aurait pu quelque peu souffrir d'une situation aussi pénible et aussi exceptionnelle, la vénérée Mère prit soin de multiplier ses enseignements et ses conseils à ses filles de Bourbon, leur recommandant instamment l'esprit intérieur, la fuite du monde, le détachement, la fidélité à la règle, la pauvreté. Bien plus, sa correspondance si substantielle ne lui suffisant pas pour exprimer à son cher petit troupeau de Bourbon toute sa maternelle sollicitude, elle rédigea de sa main une série d'instructions qui, quoique restées inachevées, sont demeurées comme un monument de son zèle et de son esprit religieux, et un véritable trésor pour toute la congrégation.

Après ce que nous avons dit de l'établissement de la congrégation au Sénégal et à Bourbon, il ne sera pas inutile de donner quelques détails sur les autres fondations dans les diverses colonies.

La Guyane mériterait notre première mention, mais nous savons peu de chose des origines de la maison de Cayenne, et celle-ci du reste s'effaça presque entièrement devant la belle œuvre de Mana, dont nous parlerons bientôt.

La fondation de la Guadeloupe, comme celle de Cayenne, remonte à l'année 1822. Cette île n'avait jamais eu de maisons religieuses enseignantes ; aussi l'arrivée inattendue des sœurs de Saint-Joseph, après un accueil un peu embarrassé, fut-elle considérée comme un grand bienfait. Leur établissement, placé à la Basse-Terre, se développa assez heureusement, et l'avenir de l'œuvre semblait s'annoncer prospère, lorsqu'un terrible bouleversement vint tout arrêter.

Le 26 juillet 1825, un violent ouragan fondit sur la colonie avec une telle furie, qu'il y porta partout la ruine, la désolation et la mort. Un grand nombre de personnes périrent, et la R. M. Julie Jacotot, supérieure de la communauté, fut victime de son héroïque dévouement. Nous détachons du récit saisissant de la catastrophe, fait par celle des sœurs qui reçut son dernier soupir, quelques lignes touchantes ; elles serviront à montrer ce que sont ces effrayants cataclysmes, et surtout, au point de vue qui nous occupe, elles feront voir comment savaient se dévouer et mourir les religieuses élevées à la vaillante école de la R. M. Javouhey.

Nous étions toutes réunies avec les pensionnaires : les unes avaient détaché les tableaux de la sainte Vierge et les mettaient à leurs côtés, les autres tenaient leur chapelet, leur christ entre les mains, et toutes imploraient la miséricorde de Dieu... Tout à coup nous vîmes les portes se séparer du mur, et aussitôt le galetas 'tomba dans le dortoir. Nous prîmes le parti de nous sauver dans le jardin, ce qui n'était pas chose facile, car les tuiles voltigeaient de tous côtés. Cependant, comme il n'y avait pas à hésiter, les unes sortirent par la rue avec une partie des enfants, les autres par le jardin. Notre Mère et moi nous faisions passer les enfants qui restaient *et nous sommes sorties les dernières*. Notre Mère me donnait la main au milieu de la cour, lorsqu'une partie du toit est tombée sur nous. Je me baissai et pus parer le coup, mais notre Mère, qui était plus grande, le reçut à la tempe. Elle s'affaissa sur moi, puis, reprenant un peu ses sens, elle me dit : « Pourvu que je n'aie pas la douleur de vous voir mourir avant moi ! » — « Je n'aurai peut-être pas, ajouta-t-elle, le bonheur de revoir mes sœurs ; mais si elles ne sont pas mortes et que vous puissiez les revoir, embrassez-les pour moi. » Elle me recommanda encore de remettre à ma chère Mère Générale son chapelet et son christ, et m'ayant demandé mon chapelet, dont le christ était indulgencié pour la bonne mort, elle le prit, le baisa amoureusement, fit son acte de contrition avec une grande ferveur, puis commença à réciter les cinq *Pater* et *Ave*, mais elle ne put finir. Une dernière fois elle fixa ses regards sur moi, puis, par un léger soupir, son âme s'exhala pour aller jouir, j'en ai la confiance, de la bienheureuse éternité. J'ai encore pu dire le *De profundis*, mais je me suis trouvée mal un instant. Cependant le bon Dieu m'a donné le courage et la force de sortir de là et de pouvoir emporter le corps inanimé de notre Mère au milieu du jardin, sans cela j'aurais été écrasée par le reste du mur qui est tombé aussitôt après... La Providence se contenta d'une seule victime parmi nous : elle nous réservait d'ailleurs pour d'autres épreuves.

Nous eûmes le bonheur de nous retrouver toutes : les unes entièrement saines, les autres blessées plus ou moins grièvement. Toutefois la mort de notre Mère nous empêcha de goûter la joie de nous revoir et nous fit oublier tout ce que nous avions souffert nous-mêmes. Il fallut songer à lui rendre les derniers devoirs et la faire enterrer avec son habit religieux ; mais nous n'en avions point à lui donner, ayant tout perdu sous les ruines de notre maison. Il fallut même aussi renoncer à la triste satisfaction de la porter nous-mêmes à l'église ; les rues étaient encombrées de bois et de pierres à ne pouvoir passer. L'église n'a pas non plus été épargnée ; il ne reste plus qu'une partie de la sacristie où l'on peut dire la sainte messe : encore est-elle sans couverture ; nous n'avons plus qu'un seul prêtre et rien ne manque à notre désolation.

Cette mort produisit une grande et douloureuse impression dans l'île, car la vénérée Mère Julie y était très estimée et très aimée, et elle le méritait bien par ses qualités solides et ses vertus religieuses. La Révérende Mère fondatrice rendait d'elle ce témoignage : « *Jamais la Mère Julie n'a rien oublié de ses devoirs et de ses engagements.* »

Quelques semaines après ce désastre, un autre fléau vint s'abattre sur la Guadeloupe, la fièvre jaune y exerça d'affreux ravages. Plusieurs sœurs faillirent succomber. La communauté ne se soutenait plus qu'avec beaucoup de peine, et il lui fallut plusieurs années de travail et d'efforts pour se remettre de cette grande secousse et reprendre un nouvel essor.

L'établissement de la Martinique était de deux ans plus récent que celui de la Guadeloupe. L'installation des sœurs dans l'ancien couvent des Dominicaines, fondé à Saint-Pierre en 1742, rencontra des oppositions et des obstacles qu'on n'aurait pu surmonter si la communauté n'avait eu à sa tête une supérieure aussi vertueuse et aussi énergique que la Mère Louise. Ces difficultés ne furent ni la seule ni la plus pénible épreuve de ces commencements. Le préfet apostolique n'avait nullement dissimulé aux sœurs le mécontentement que lui causait leur arrivée; forcé de les subir, puisqu'elles avaient été envoyées sur l'ordre du gouvernement, il essaya du moins de les détacher, dans une certaine mesure, de l'obéissance à leur maison-mère pour les réunir aux débris d'un ancien couvent d'Ursulines qu'il espérait renouveler ainsi. Mais la Mère Louise n'était point une seconde sœur Thaïs : pleine de foi, de générosité et de droiture, elle vit le péril et lutta courageusement sans se laisser séduire par les promesses ni intimider par les menaces. Elle aima mieux porter les croix les plus lourdes que de faire la plus petite concession nuisible à l'institut. Dieu bénit ces bonnes dispositions, et l'établissement prospéra rapidement, grâce à la protection divine; le succès le plus complet couronna les efforts des sœurs, les élèves affluèrent dans leur maison d'éducation, et les résultats obtenus furent très consolants. Une année s'était à peine écoulée depuis la fondation, et déjà l'administration coloniale, d'abord si peu favorable, demandait un envoi de huit autres sœurs. Puis la Mère Louise obtint les subsides nécessaires pour élever des constructions nouvelles : elle-même dirigea les travaux sans le concours d'aucun architecte, et sut terminer heureusement son œuvre, aux applaudissements de ceux qui l'entouraient et se montraient émerveillés de son industrieuse activité. Une année plus tard, la *Maison royale* prenait une nouvelle importance par l'annexion au pensionnat d'une seconde œuvre fort intéressante, l'hospice des orphelines, que le gouvernement confia à la communauté dès qu'il la vit bien établie. Tout marchait donc à souhait à la Martinique : la petite semence qui avait été jetée en terre et avait germé au milieu de bien des difficultés, avait pris croissance et force, et faisait espérer une abondante moisson. La Révérende Mère Générale, en apprenant ces consolantes nouvelles, avait soin d'entretenir dans le cœur de ses chères filles l'esprit de foi et la pureté d'intention qui devaient les animer et les garder de tout péril dans leurs entreprises.

« La Providence, écrivait-elle à la Mère Louise, s'est servie de nous pour faire une grande œuvre, et vous avez répondu à ses desseins en montrant beaucoup de courage et de fidélité dans les occasions périlleuses. Je suis consolée de votre zèle et je rends grâces à Dieu, qui emploie de pauvres créatures comme nous pour faire de grandes choses. Ayons donc soin de lui en rapporter toute la gloire, sans quoi nous serions en danger de faire tout pour le monde et rien pour le ciel... Mettons bien notre confiance en Dieu, comptons uniquement sur lui : alors il sera notre lumière, notre consolation et notre récompense. »

Non contente de diriger et d'encourager ses filles par ses instructions et ses lettres maternelles, la vénérée Mère se sentait poussée à franchir de nouveau les mers pour aller les visiter et les affermir dans l'esprit de leur sainte vocation. Elle ne put exécuter ce projet; mais, préoccupée de la nécessité de resserrer les liens qui unissaient les divers établissements à la maison-mère, leur centre commun, elle résolut de se faire remplacer à Cayenne et aux Antilles par celle qu'elle appelait sa *sainte sœur*, la R. M. Marie-Thérèse, supérieure de Cluny. Elle la nomma visiteuse et supérieure principale de toutes les maisons de ces colonies.

En dehors de Cayenne et des Antilles, deux autres établissements se fondèrent dans des contrées bien différentes et bien éloignées : l'un au commencement de l'année 1826, aux froides iles de Saint-Pierre et Miquelon, près de Terre-Neuve; l'autre dans l'Inde, au comptoir français de Pondichéry, en janvier 1827. Cette dernière fondation fut confiée par la Révérende Mère fondatrice à la sollicitude de la R. M. Rosalie, supérieure des communautés de Bourbon ; celle-ci s'en occupa avec une tendresse toute maternelle, que Dieu se plut à bénir : deux des premières religieuses furent promptement moissonnées par la mort, mais leur fin prématurée fut accompagnée et suivie de circonstances si remarquables et si touchantes, qu'elle remplit de consolation et d'admiration leurs compagnes et tous ceux qui en furent les heureux témoins. La fondation de Pondichéry repose donc, pour ainsi parler, sur les tombes de ses deux premières fondatrices, qui, après leur mort, comme durant leur sainte vie, attirèrent sur l'œuvre à laquelle elles s'étaient dévouées bien des grâces et des bénédictions.

CHAPITRE VI

**Travail des Constitutions. — Fondations importantes
en France : Saint-Yon, Limoux, Brest, Alençon.**

Nous venons de voir comment l'institut s'étendait
d'une façon inespérée jusque dans les contrées les
plus lointaines; ce spectacle remplissait de reconnaissance la Révérende Mère fondatrice, qui était
dans l'admiration de tout ce que Dieu daignait faire
en faveur de son œuvre. Mais cette extension même
exigeait d'elle de nouveaux soins et lui imposait de
nouveaux devoirs. Il fallait songer à donner à la congrégation un commencement d'organisation administrative; d'autre part, il devenait urgent de développer
et de fixer les statuts et les règles à l'aide desquels
on avait vécu dans le passé, mais qui ne pouvaient
plus suffire ni au gouvernement de l'institut, ni à la
formation religieuse de ses membres. Ce qui s'était
passé à Bourbon avait fait comprendre le danger de
laisser dans le vague certains points de discipline. La
Révérende Mère, bien pénétrée de l'importance de
cette grave question, mais pleine de défiance d'elle-
même, recourut à la science et aux lumières d'hommes
expérimentés pour faire reviser et même refondre
les statuts et les règlements antérieurs : ce travail
remplit les années 1826 et 1827. En cette circonstance,
la vénérée Mère avait besoin du concours des deux
autorités ecclésiastique et civile : ni l'une ni l'autre
ne lui fit défaut; du reste l'entente sur l'appui à donner à son œuvre était alors complète entre les deux
pouvoirs, ce qui lui facilita beaucoup la tâche.

La bienveillance que rencontrait la vénérée Mère au ministère des affaires ecclésiastiques, dont Mgr Frayssinous avait le portefeuille, ne le cédait en rien à celle qu'elle trouvait auprès des évêques d'Autun et de Beauvais, NN. SS. de Vichy et Feutrier, qui avaient dans leurs diocèses les principales maisons de l'institut, Cluny et Bailleul. Ces deux prélats, de concert avec Mgr d'Hermopolis, donnèrent tous leurs soins à la préparation et à la rédaction des nouveaux *statuts*. Le vénérable M. de Clausel de Coussergues ne demeurait pas inactif, il excitait le zèle de ses amis et spécialement de Mgr Frayssinous en faveur de la congrégation, et suivait avec une grande sollicitude les incidents et la marche des négociations ; celles-ci ne traînèrent pas en longueur, et les ordonnances de Charles X approuvèrent bientôt définitivement la congrégation. Ensuite, les règles furent refondues entièrement, spécialement par les soins de Mgr l'évêque de Beauvais, puis revues et corrigées par Mgr d'Hermopolis, revêtues de l'approbation des deux prélats de Beauvais et d'Autun, et mises en vigueur dans tout l'institut. Eu égard aux circonstances, c'était là un fait considérable pour la congrégation, qui trouvait dans cette double reconnaissance une grande sécurité. C'était un véritable progrès que la Révérende Mère savait apprécier comme il le méritait : « Remercions bien le bon Dieu, écrivait-elle alors, d'en être arrivées là, et travaillons à répondre à ses desseins sur nous ; rapportons-lui tous ces heureux succès et humilions-nous des obstacles que notre lâcheté et nos imperfections ont souvent mis à ses vues pleines de bonté à notre égard. Redoublons aussi de zèle et de courage, et que ces règles fassent le sujet de nos méditations. »

Joignant l'exemple au précepte, la vénérée Mère redoubla de soins et d'attention pour instruire et former ses filles ; elle multipliait ses conseils, ses avis,

ses réprimandes même au besoin. Elle revenait sans
cesse sur l'importance de l'esprit intérieur, de l'humilité, de la pauvreté, du silence; elle insistait aussi
sur la nécessité, pour les sœurs, de vivre séparées du
monde. La Mère fondatrice, à ce moment, suivait
d'un œil d'autant plus attentif la marche de ses communautés, que leur nombre augmentait sensiblement
en France et dans les colonies.

Ce fut également à cette époque qu'elle essaya de
réaliser un plan qu'elle avait formé durant son séjour
au Sénégal en faveur de la civilisation et de la conversion des Noirs; nous avons vu combien elle s'était
préoccupée de leur misérable condition et des moyens
de les en tirer, en faisant d'eux des chrétiens et des
hommes laborieux. Un des moyens qu'elle voulait
tenter pour arriver à ce but et dont elle espérait de
grands résultats, c'était d'élever un certain nombre de
jeunes Noirs dans la religion chrétienne et la connaissance des sciences et des lettres, afin d'en faire les
coopérateurs de cette grande entreprise. Elle espérait
que plusieurs de ces enfants se montreraient dignes
d'être appelés au sacerdoce, et que les autres devien-
draient des catéchistes, des instituteurs, des médecins, des agriculteurs, etc., et pourraient, en retour-
nant plus tard dans leur pays, travailler à la réforme
des mœurs de leurs frères, et exercer, par leur influence et leurs exemples, un véritable apostolat en
faveur de la religion et de la civilisation.

Telles étaient les vues grandes et élevées de la
pieuse fondatrice : le succès sans doute était fort in-
certain, elle le savait; mais elle ne négligea rien pour
mener à bien cette grande entreprise.

Elle fit venir à Bailleul de jeunes nègres, et commença non sans succès leur éducation. Mais leur
santé s'affaiblissait sous l'influence du climat du nord;
on sentit, surtout après la mort de l'un d'eux, la nécessité de les transporter dans le midi, à Limoux, où

tout fut organisé pour les établir. Malheureusement
on dut constater bientôt que, même sous un ciel
aussi clément, l'acclimatement de ces jeunes Noirs
n'était pas chose facile. A la suite du rude hiver de
1830, deux d'entre eux moururent, et peu à peu
d'autres décès vinrent dépeupler rapidement la petite
colonie africaine. Effrayés par ces morts successives,
plusieurs de ceux qui avaient été épargnés retournèrent dans leur pays, et en 1837, il n'en restait plus
que trois à Limoux. Ceux-ci du moins persévérèrent ;
une fois leurs études terminées, ils allèrent au grand
séminaire de Carcassonne, puis au séminaire du Saint-
Esprit, où ils furent ordonnés prêtres en 1840.

Sans doute cette entreprise de la Mère Javouhey
pour l'éducation des Noirs en France n'eut pas le résultat qu'on en attendait, mais il ne serait pas juste
d'y voir un insuccès complet : en effet, sans parler
de ceux qui survécurent à leur long séjour en France
et qui retournèrent dans leur pays avec le bienfait de
la foi et d'une éducation complète, sans parler de
l'insigne honneur d'un triple sacerdoce qui vint honorer et relever, même à ses propres yeux, une race
déshéritée et méprisée, n'était-ce donc rien que toutes
ces âmes arrachées à la servitude honteuse du démon et du vice, et gagnées à Dieu par la grâce du
saint baptême ? N'était-ce donc rien que la mort chrétienne et édifiante de ces jeunes gens dont Dieu semblait avoir eu hâte de prendre les prémices ? C'est
ainsi du reste qu'en jugeait la Révérende Mère elle-
même, qui, malgré sa douleur et ses grands regrets,
ne pouvait s'empêcher de bénir Dieu d'avoir appelé
à lui « ces chers enfants avant qu'ils aient pu parti-
ciper à la contagion du monde ».

La petite esclave Florence, que nous avons vue
s'attacher si fidèlement à la vénérée Mère fondatrice,
au Sénégal, supporta assez bien, pendant quelques
années, le climat de Bailleul ; son intelligence remar-

quable, sa douceur, sa piété, son dévouement, lui
gagnaient tous les cœurs; elle était excellente musi-
cienne, et malgré tous ses talents, elle avait conservé
une grande simplicité et une aimable modestie.

Quelques années après, en 1828, lorsque la Révérende Mère quitta la France, ce fut un déchirement
pour la petite Florence, qui n'avait jamais voulu se
séparer de sa chère maîtresse; on l'envoya alors auprès de la mère Clotilde à Limoux. Mais en dépit de
tous les soins qu'on lui prodigua, elle fut atteinte,
vers l'âge de dix-sept ans, de la maladie de poitrine
qui faisait tant de ravages parmi ses jeunes compatriotes.

Sa résignation et sa patience, dans ses longues et
pénibles souffrances, furent admirables; elle parlait
de la mort avec une paix et une joie étonnantes. Elle
n'avait qu'une peine, celle de savoir que son frère,
resté au Sénégal, refusait de se faire chrétien; elle
n'avait qu'un regret, celui de mourir sans pouvoir
remercier une dernière fois sa « chère Mère et maîtresse ». C'est dans ces sentiments qu'elle s'éteignit
doucement et saintement, le 15 décembre 1831. Sa
mort fut un deuil pour l'institut, et son souvenir y
demeure comme inséparablement lié à celui de la vénérée fondatrice, sa bienfaitrice et sa mère adoptive.

Jusqu'en 1826, on ne comptait guère, en France,
que huit ou neuf maisons, mais trois années suffirent
à doubler ce chiffre. Plusieurs des fondations de cette
époque eurent une réelle importance et occupent encore maintenant une trop grande place dans l'œuvre
de la vénérée Mère Javouhey, pour que nous n'en
disions pas quelques mots.

La plus ancienne est celle de l'asile bien connu de
Saint-Yon, à Rouen. Elle avait pour objet les soins à
donner aux pauvres aliénés, et la Révérende Mère,
voulant que son institut fût prêt à porter secours à
toutes les misères et à toutes les infirmités humaines.

accepta cette œuvre d'abnégation si pénible à la nature. Le vaste local où furent installées les sœurs, au mois de mars 1825, était riche en souvenirs : c'était là que le bienheureux de la Salle avait établi le noviciat et la maison-mère de son institut ; il y avait passé les dernières années de sa vie et y était mort le vendredi saint (7 avril 1719). Ses précieux restes demeurèrent jusqu'en 1830 dans la petite église de l'établissement, dédiée à l'Enfant-Jésus. L'œuvre de Saint-Yon fut spécialement bénie de Dieu ; on avait commencé avec huit sœurs seulement ; cinquante ans après, en 1878, par suite de son développement, ce magnifique établissement dut être transféré à quelques kilomètres de Rouen, à Saint-Étienne du Rouvray ; actuellement près de 1200 malades y sont soignés par 120 sœurs de Saint-Joseph, qui continuent les pieuses traditions de zèle et de charité de leurs devancières.

Un mois après l'asile de Saint-Yon, prit naissance l'établissement de Breteuil, dans l'Oise, fondé sous les auspices de l'admirable et vertueux duc Mathieu de Montmorency-Laval.

En 1826, la congrégation vint s'établir dans le département de l'Aude. L'initiative en appartient tout entière à Mgr de Saint-Rome Gualy, évêque de Carcassonne, qui avait fait la connaissance de la Révérende Mère par l'entremise de l'abbé de Clausel ; ayant été à même d'apprécier ses grandes qualités, la vaste portée de son intelligence, la droiture de ses intentions et l'énergie de son noble caractère, ce prélat comprit la conduite de la Providence relativement à l'institut, et conçut dès lors pour la congrégation un bienveillant intérêt, qui s'accrut encore à la vue des tribulations de la Révérende Mère. Plus d'une fois il voulut bien la consoler, la guider et l'éclairer dans les difficultés et les angoisses dont elle était assaillie aux heures de lutte et de péril, et l'institut trouva constamment en lui un père plein de bonté.

Ce pieux évèque désirait des sœurs de Saint-Joseph dans son diocèse, et la vénérée Mère se montra disposée à favoriser ce dessein; dans ce but, elle se rendit à Carcassonne, où Mgr de Saint-Rome Gualy la reçut avec les plus grands égards. Elle commença ses démarches, et parvint à louer les restes de l'ancien monastère de Caunes, dont le vaste cloître et les bâtiments contigus à l'église paroissiale étaient en bon état de conservation. On s'y installa le 1er mars 1826, et on ouvrit un pensionnat qui devint bientôt florissant sous la sage et habile direction de la Mère Clotilde Javouhey; mais la destination principale de cette maison était un noviciat préparatoire qui donna aussi d'excellents résultats.

On parlait beaucoup, dans les régions administratives du département de l'Aude, de l'asile Saint-Yon à Rouen et de la manière satisfaisante dont il était dirigé par les sœurs de Saint-Joseph; à la préfecture de Carcassonne, où l'on connaissait de réputation la R. M. Javouhey, on désirait vivement qu'elle se chargeât de fonder un établissement de ce genre pour le département. La Révérende Mère céda aux instances de Mgr de Gualy et de M. de Beaumont, préfet de l'Aude, et fit l'acquisition de l'ancien couvent des Dominicains de Limoux; elle en prit possession le 21 novembre, sous les auspices de la très sainte Vierge, et commença sans retard les travaux de réparation et d'appropriation. Relever un ancien monastère de ses ruines était pour elle une consolation, et elle considérait semblable restauration comme une œuvre sainte et réparatrice. « Je veux être architecte pour les réparations », avait-elle dit; et elle ordonna si bien les choses et mena si activement les travaux, qu'au mois de juillet 1827 tout fut parfaitement organisé; les malades y furent installés et reçurent de la part des sœurs les soins les plus attentifs et les plus dévoués.

Pour répondre aux vœux unanimes des habitants de Limoux, la Révérende Mère consentit encore à ouvrir un pensionnat et un externat pour l'éducation de la jeunesse du pays; dans la suite, on y adjoignit une école gratuite. Avec son coup d'œil si prompt et si juste, la Révérende Mère vit, dès le début, l'importance que prendrait cette maison : aussi écrivait-elle à la Mère Clotilde ces lignes en quelque sorte prophétiques : « Cet établissement deviendra plus considérable que vous ne le pensez, ma chère fille. Tout ira bien, soyez-en sûre; vous le verrez devenir un jour l'un des principaux de l'institut, et il fera beaucoup de bien. »

Limoux n'était encore qu'en voie de préparation, lorsque la ville de Chalabre demanda avec instance des sœurs de Saint-Joseph. La Révérende Mère fondatrice y envoya sept de ses filles, qui établirent immédiatement un hospice, une école communale, un petit pensionnat et un externat. Il y avait alors, dans le diocèse de Carcassonne, un tel entraînement vers la congrégation, que bien des localités auraient voulu avoir des établissements dirigés par les sœurs. Aussi, la Révérende Mère Générale écrivait : « L'enthousiasme du département de l'Aude est poussé au delà de toute expression. On nous croit capables de faire tout le bien possible. Mais qu'il est difficile de répondre à tant de confiance! Cependant, comme tout cela est l'œuvre de Dieu, je suis tranquille. » La charité de la vénérée Mère, sa bonté et son dévouement à l'égard des ouvriers, des pauvres et des aliénés de l'asile, l'avaient placée en telle estime dans l'esprit de la population, que lorsque cette bonne Mère s'éloignait, après chacune de ses visites à Limoux, les habitants la suivaient et s'écriaient avec douleur : « Ah! la sainte nous quitte! » De même, lorsque dans les premiers temps, la Révérende Mère paraissait à Carcassonne, la ville était en quelque sorte en émoi, et on lui faisait de véritables ovations. Elle était abordée et suivie dans les rues par les jeunes filles qui venaient s'offrir à elle et solliciter leur admission dans l'institut ; aussi, après six mois seulement d'existence, la maison de Caunes ne comptait pas moins de trente-quatre postulantes ou novices, et ce mouvement ne s'arrêta pas aux premières années. Peu après, ce petit noviciat fut transporté à Limoux, à la suite de la R. M. Clotilde, que la vénérée Mère fondatrice plaça à la tête de cette communauté naissante avec le titre de supérieure principale des établissements du midi. Bien qu'assez jeune encore, la Mère Clotilde méritait cette marque de confiance. Son long séjour à Bailleul avait mis en lumière son mérite et ses remarquables qualités, et malgré le soin qu'elle prenait de s'effacer en toute occasion, on l'honorait partout d'une singulière estime et d'un profond respect. La grande défiance qu'elle avait d'elle-même l'empêchait peut-être de faire tout le bien dont elle était capable ; aussi la Révérende Mère la reprenait sur ce point, afin de ne pas laisser dégénérer en pusillanimité ce qui provenait de sa modestie et de sa timidité. Elle la secouait un peu en lui disant : « N'écoutez pas l'orgueil qui se cache sous des feuilles de violettes et qui craint tant d'échouer de peur qu'on ne se moque de lui. Laissez-là le qu'en dira-t-on. Faisons le bien simplement avec des intentions pures, et puis laissons à Dieu le soin de la réussite. Il aura la gloire de tout. » Mais en parlant aux autres de la Mère Clotilde, la vénérée fondatrice tenait un langage bien différent : « Chacun me dit du bien de ma sœur Clotilde et de sa maison. Il n'y a qu'elle qui n'est jamais contente de ce qu'elle fait. Si vous voyiez comme sa communauté est régulière, vous en seriez enchantée. » La Révérende Mère fondatrice ne pouvait être mieux représentée dans les maisons du midi que par une telle nièce ; aussi ces maisons continuèrent-elles à augmenter en nombre et en importance, et encore aujourd'hui leur prospérité dure toujours et leur fécondité ne s'est pas ralentie.

Le 2 juillet 1826, la congrégation commençait un vaste établissement à Fontainebleau et y ouvrait un pensionnat, qui, malgré les circonstances difficiles du début, put se soutenir, s'affermir et même se développer de telle sorte, qu'après divers agrandissements et transformations, il est devenu une des plus belles maisons de l'institut.

Deux mois plus tard, une autre fondation, la cinquième de l'année 1826, était faite à Brest, dans le quartier de la Recouvrance. La Révérende Mère fondatrice comprit tout le bien qu'il y avait à opérer au milieu d'une population composée en grande partie de marins, et surtout d'ouvriers du port. On fit l'acquisition d'une assez vaste propriété, près de l'église paroissiale, et au mois d'octobre 1826, on ouvrit immédiatement des classes payantes et gratuites ; mais les débuts furent peu satisfaisants. Les Bretons, en général, ont besoin d'un certain temps pour se familiariser avec les personnes qui leur sont étrangères ; ils ne se prennent guère d'enthousiasme et ne se livrent pas sans réflexion. Cependant les sœurs, par leur dévouement et leur charité, gagnèrent la confiance des familles, et les enfants vinrent en si grand nombre, qu'ils atteignirent bientôt le chiffre considérable de douze cents.

Peu après l'ouverture de la maison de Brest, la Révérende Mère vint en Bourgogne ; elle en profita pour aller visiter son vénérable père à Chamblanc ; elle le trouva fort affaibli et bien isolé depuis la mort de sa vertueuse compagne. Aussi, voyant que ni elle ni ses sœurs ne pouvaient remplir près de lui leurs devoirs de piété filiale, elle résolut de se faire suppléer par quelques-unes de ses filles, qui en même temps se chargeraient de l'école communale de Chamblanc; elle désigna deux excellentes sœurs pour aller s'installer dans cette partie de la maison paternelle, consacrée, dès l'origine, à la communauté naissante et à sa première école. C'est ainsi que l'institut put payer quelque chose de sa dette de reconnaissance à l'égard de ce généreux bienfaiteur, qui, non content de donner ses quatre filles, avait consenti encore à supporter les lourdes charges que lui imposa plusieurs fois l'inépuisable et quelque peu imprévoyante générosité de sa fille. Après la mort de M. Javouhey, les sœurs de Saint-Joseph conservèrent la direction de l'école, et maintenant encore elles ont le bonheur de posséder cette maison, devenue pour elles un précieux sanctuaire plein des souvenirs de la vénérable famille Javouhey, et tout embaumé du parfum des vertus de leur chère Mère fondatrice.

L'année suivante, une circonstance bien fortuite en apparence, mais à coup sûr ménagée par la Providence, vint donner naissance à un nouvel établissement qui devait procurer un grand bien dans la suite. La Révérende Mère se rendait de Paris à Brest, lorsque, de passage à Alençon, on lui parla de la mauvaise tenue de l'asile des aliénés de cette ville. Elle voulut s'en rendre compte elle-même; mais ce qu'elle vit dépassa de beaucoup ce qu'on lui avait raconté. A ce spectacle lamentable, elle fut saisie de douleur et de pitié, et sur-le-champ elle voulut confier à ses filles le soin de soulager de si affreuses misères. Son offre charitable fut acceptée avec empressement, et voici en quels termes simples et touchants elle en informait sa sœur, la R. M. Rosalie. Cette lettre est du 18 mai 1828.

Je vais encore vous faire part d'une bonne œuvre que le ciel nous a confiée : c'est celle des aliénés d'Alençon, au nombre de 80, et de 40 à 60 autres malades et misérables. La maison qui leur sert d'asile était dans un état déplorable depuis de longues années : les amis du bien gémissaient sur le sort des infortunés qu'elle renfermait, il y avait au moins quinze furieux qu'on n'osait aborder qu'au moyen de la force armée. Plusieurs d'entre eux ne portaient plus aucun vêtement depuis deux ou trois ans, ils avaient de la barbe jusqu'à la moitié de la poitrine et se mettaient dans la paille comme les animaux. Sentez-vous l'horreur et les suites d'un pareil état ?... J'arrivai seule dans cet établissement ; j'entendis les cris, les hurlements de tous ces malheureux. Je ne savais que dire en présence de tant d'infortune, et l'on faisait tout pour m'effrayer. Cependant je restai deux jours à tout examiner et j'attendis des renforts. Dix-sept sœurs m'arrivèrent avec mon frère qui les conduisait à Brest. J'en fis rester un certain nombre auprès de moi, et nous nous installâmes tant bien que mal. Dès le lendemain, nous nous mettions en devoir de calmer ces furieux et d'améliorer leur position. En trois jours nous parvînmes à les nettoyer, à les habiller, à les tranquilliser, de manière que la plupart se mirent à travailler au jardin. Ils ne voulaient voir personne que nos sœurs, qu'ils regardaient comme des anges. Enfin, de loups furieux, ils sont devenus des agneaux. Ce sont eux qui nous ont aidées avec un zèle infatigable à nettoyer et à arranger la maison, de telle sorte que deux mois ont suffi pour y établir l'ordre le plus parfait...

La Révérende Mère oubliait un détail qui complétera le tableau ; il nous est donné par une des premières sœurs appelées à l'aider dans cette œuvre de dévouement :

A notre arrivée, nous eûmes devant les yeux un affreux spectacle : un aliéné était mort dans sa loge, sans que personne s'en fût aperçu, et l'on reconnut que son décès remontait à deux ou trois jours. Comme on donnait aux malades leur chétive nourriture par un guichet, on trouva son cadavre entouré des misérables morceaux de pain qu'on lui servait et qu'il n'avait pas touchés. La Révérende Mère en avait le cœur navré ; pendant plusieurs jours, à table, elle ne pouvait prendre son repas sans que ses larmes coulassent avec abondance, tant les maux du prochain la trouvaient sensible et compatissante.

Ces lignes émouvantes rappellent trop fidèlement ce qui s'est passé plus d'une fois dans les établissements hospitaliers où les mercenaires ont remplacé nos admirables sœurs. Pour ce qui est de l'asile d'Alençon, le zèle actif de la vénérée Mère et de ses filles le fit promptement changer de face ; une sollicitude toute maternelle, parce qu'elle était vraiment chrétienne, remplaça l'insouciance et la négligence avec lesquelles avaient été traités jusque-là ces pauvres infortunés. Depuis plus de soixante ans, les filles de la Mère Javouhey continuent son œuvre avec le même dévouement, et elles adoucissent les mêmes souffrances, avec une constance et une charité que rien n'a pu lasser.

CHAPITRE VII

**La R. M. Javouhey et l'œuvre de Mana.
Départ pour la Guyane.**

Depuis longtemps déjà le gouvernement de la Restauration se préoccupait de réparer la perte de nos anciennes et florissantes colonies d'Amérique. Dans cette intention, il avait formé le projet de coloniser la Guyane, qui, en vertu des traités de 1814, avait été restituée à la France. Mais, après plusieurs essais infructueux, il dut reconnaître les difficultés de l'entreprise ; malgré des efforts sérieux et de grands sacrifices, tout avait échoué, et les espérances conçues à Paris avaient fait place à de cruelles déceptions.

C'est alors qu'en 1827, M. de Chabrol, ministre de la marine, songea à tenter un nouvel effort. Il pria la R. M. Javouhey, dont il connaissait l'esprit ferme et persévérant, de se charger de la direction de cette œuvre importante et difficile. Il fallait qu'on eût une bien haute opinion de son mérite, pour lui offrir la conduite d'une entreprise dans laquelle avaient échoué des hommes intelligents et courageux, qui avaient eu à leur disposition tous les éléments nécessaires pour assurer le succès.

La Révérende Mère, après avoir prié et réfléchi, crut reconnaître l'expression de la volonté de Dieu dans un concours de circonstances si remarquables, et elle accepta l'offre du ministre. Elle formula elle-même son plan et exposa nettement ses idées sur la manière dont elle concevait l'œuvre et sur les moyens de l'exécuter. Son but, disait-elle, était de fonder,

avec le concours de ses sœurs, des établissements où
de nombreux orphelins seraient élevés sous l'influence
de la religion, formés aux bonnes mœurs et au travail, et se créeraient par l'exploitation du sol un
avenir assuré. Des artisans et des agriculteurs devaient être envoyés d'avance à la colonie avec les
sœurs pour préparer l'immigration ultérieure de ces
jeunes orphelins. L'esprit d'association formerait la
base du nouvel établissement; tout devait être mis
en commun. Après trois années, les colons rece-
vraient une indemnité et pourraient, ou bien renouveler leurs engagements, ou bien s'établir à leur
compte, et dans ce dernier cas on leur ferait une concession de terrain suffisante pour assurer leur avenir
et celui de leur famille. Les mêmes avantages devaient être accordés plus tard aux orphelins à l'é-
poque de leur mariage. Tout était prévu dans le détail, organisé et combiné avec une remarquable intelligence.

M. de Chabrol accueillit très favorablement les
vues de la Révérende Mère, et lui accorda avec beaucoup de bienveillance les secours qu'elle demandait.
Il lui écrivait à ce sujet, le 29 août 1827 : « C'est
avec une grande confiance, Madame, que je vois votre
congrégation, qui a déjà fait beaucoup de bien aux
colonies, s'associer à une entreprise dont le résultat
ne peut manquer d'être profitable à tous les intérêts,
lorsqu'elle sera dirigée par les vues honorables et
chrétiennes qui ont dicté vos propositions. »

Au mois de juin 1828, tout était prêt. « Comment,
écrivait-elle alors, ne pas reconnaître le doigt de
Dieu dans cette affaire? Je n'ai donc pu reculer
devant les avantages qu'elle présente et qui me pa-
raissent venir de lui. Je n'ai rien fait pour hâter cette
entreprise, mais je n'ai pas osé m'y refuser. Aussi
vais-je remplir une mission et me livrer entièrement
entre les bras de la Providence qui semble me con-

duire par la main; ma confiance est grande, et comment ne le serait-elle pas? »

C'est dans ces saintes dispositions qu'elle partit de Brest le 26 juin 1828, emmenant avec elle près de 40 sœurs et plus de 50 colons.

La traversée fut longue, mais dans le cours du mois d'août tous les passagers débarquèrent heureusement. Les autorités coloniales, le gouverneur et la population de Cayenne firent à la Révérende Mère le meilleur accueil; tous se montrèrent disposés à lui fournir, chacun dans la mesure de son pouvoir et selon ses attributions, les moyens d'accomplir sa mission. On s'empressait autour d'elle, car sa réputation l'avait devancée, et l'on se faisait une grande joie de son arrivée. Les Noirs surtout, qui lui attribuaient une grande puissance et avaient entendu parler de sa charité pour eux, comptaient sur elle pour améliorer leur sort et devenir leur providence. Mais tous ces hommages enthousiastes ne purent exercer aucun empire sur une âme de cette trempe; elle ne demeura à Cayenne que le temps de pourvoir aux intérêts de son entreprise, et le mois d'août n'était pas terminé, que la Révérende Mère, avec sa nombreuse communauté, se rendait à Mana, où elle fut bientôt suivie par tous les colons.

La petite colonie entra immédiatement en possession des bâtiments, des carrés de terre défrichés et des têtes de bétail dont les anciens émigrants avaient eu la jouissance; mais tout cela était en très mauvais état. La Révérende Mère fut vivement émue en mettant le pied sur cette terre de Mana, après laquelle elle soupirait depuis longtemps; elle ne se dissimulait pas l'immense travail et les grandes responsabilités qu'allait lui imposer l'établissement qu'il fallait refaire à nouveau; mais, toujours pleine de confiance en la protection divine, elle se mit résolument à l'œuvre.

Elle sut tout d'abord imprimer une telle activité aux travaux d'appropriation des lieux, qu'en fort peu de temps tout fut transformé et qu'elle put commencer à organiser la colonie naissante. Elle avait continuellement devant les yeux le double but qu'elle s'était proposé en acceptant cette lourde mission : *former une société de bons catholiques et procurer des moyens d'existence à ceux qui n'en avaient pas.* Elle combina toutes choses de façon que la part fût faite à chacun de ces deux grands intérêts, et que la poursuite du premier ne fît pas oublier le second. Elle établit donc un ordre de journée fixe, et répartit les travaux et les exercices de religion, laissant même à chacun un temps suffisant pour s'occuper de l'instruction qui pouvait lui convenir. Nous regrettons que la place nous manque pour retracer le détail de la vie des colons de Mana sous cette maternelle direction. Qu'il nous suffise de citer un passage d'une des lettres de la Révérende Mère à ses sœurs de France :

Tout marche vers le bon ordre et la régularité du travail. La religion s'affermit dans les cœurs par l'effet du bon exemple. Tout le monde se lève à la même heure, prie en même temps, fait toutes ses actions selon la règle ; les colons se conduisent très bien. C'est édifiant, je vous assure, de voir des hommes remplir si bien leurs devoirs. Nous avons établi la chapelle dès notre arrivée ; les offices s'y font avec beaucoup de solennité et de piété. Les sœurs et quelques colons conduisent le chant à merveille. Je voudrais pouvoir fonder sur ces bords, jusqu'ici à peu près inhabités, un petit Paraguay, où le Seigneur soit servi, aimé, glorifié, où l'on rencontrerait une population vraiment catholique. Oh ! si vous saviez ce qui se passe dans mon âme en voyant ce que Dieu veut bien faire pour notre institut ! J'en suis confondue : remerciez-le donc bien de ce qu'il fait pour nous.

Elle écrivait encore à sa sœur, la chère Mère Marie-Joseph :

Nous avons quinze ouvriers bien choisis pour les métiers les plus utiles ; je visite leurs chantiers quatre fois par jour et même plus ; je commence par les menuisiers et les ébénistes, je passe alors chez les tourneurs ; j'entre chez les sabotiers, ce qui me conduit chez les cordonniers ; je visite les charpentiers et les scieurs de long ; je vais à la forge, ensuite chez les serruriers et les chaudronniers. Quand j'ai vu tous les ateliers, je viens aux cultivateurs ; là, je me retrouve dans mon centre... Après avoir fait ma tournée chez les hommes, je vais me reposer au chantier de nos sœurs, qui ne le cède en rien à celui des hommes. Avec elles je sarcle, je plante des haricots et du manioc, je sème du riz, du maïs, etc., en chantant des cantiques, en contant des histoires et riant parfois de bon cœur. Nous ressemblons aux anciens patriarches : nos richesses sont en troupeaux. Nous pourrons vivre comme eux dans la simplicité primitive ; puissions-nous aussi imiter l'innocence de leur vie ! Déjà nous avons plus de 3oo têtes de bétail dans nos prairies... tout est gras et en bon état. — Que j'aime, écrivait-elle encore, ce système de communauté ! nous vivons ici comme les anciens solitaires de la Thébaïde. Nous ne connaissons plus l'argent, on trouve sur le sol tous les besoins de la vie.

Du ministère de la marine lui venaient de bienveillants encouragements : on y était heureux des débuts de l'entreprise, et M. Hyde de Neuville, qui, en 1828, avait succédé à M. de Chabrol, lui écrivait : « Soyez sûre, Madame, que je serai toujours heureux de pouvoir vous être utile et de vous donner les preuves de ma haute estime. Que Dieu soutienne votre courage et conserve votre santé et vos forces ! » Tout allait donc aussi bien que possible, et la petite colonie avait pris une marche régulière ; alors la Révérende Mère pensa qu'elle pouvait s'absenter quelque temps pour visiter ses filles des Antilles, qui, la sachant si près d'elles, la pressaient de se rendre à leurs instances. Elle fut heureuse de revoir sa pieuse et sainte sœur, la R. M. Marie-Thérèse, et de trouver en excellent état les grands établissements de la Martinique et de la Guadeloupe, dont la visite la remplit de consolations et d'espérances. Après un séjour de deux mois aux Antilles, la Mère fondatrice revint à Cayenne, où elle dut, cette fois, rester quelque temps pour les intérêts de sa petite colonie, au milieu de laquelle elle rentra avec une grande joie au mois de juin 1829. Elle y retrouva tout en bon état et fut particulièrement satisfaite de ses chères filles, qui s'étaient multipliées et avaient redoublé de zèle et de dévouement pendant son absence. Néanmoins, quelques petites difficultés commençaient déjà à se faire sentir, et dix des plus jeunes colons, fatigués de la vie régulière à laquelle ils étaient obligés de se soumettre, prirent le parti de rentrer en France. La Révérende Mère n'en fut pas étonnée, et, comme elle le disait, « ces départs assainissaient l'atmosphère morale de la colonie ».

Bientôt elle crut que le moment approchait de songer à l'exécution de son plan primitif et de demander la venue des jeunes orphelins dont le ministère avait promis l'envoi.

Je n'ai pas oublié un seul instant cette belle et bonne œuvre, écrivait-elle ; toutes mes vues se portent et s'arrêtent là. Il serait facile, disait-elle encore au ministre de la marine, en les prenant tout jeunes, de les élever dans la pratique du bien, dans l'amour et la crainte de Dieu, dans le goût du travail et de la simplicité. Une population ainsi composée au milieu des éléments naturels de richesse que présente le pays, ne pourrait manquer de prospérer. Ce serait une chose essentiellement utile à la religion, avantageuse à la métropole, en même temps qu'elle mettrait en valeur une contrée jusqu'à présent inhabitée.

Toutefois le gouverneur trouva que l'envoi des orphelins dès cette époque serait un peu prématuré, il crut indispensable de s'assurer d'abord que le personnel de Mana pouvait y vivre sans le secours du gouvernement ; ce fut aussi l'opinion du ministre de la marine. On attendait donc en vain une solution définitive. Malgré ces lenteurs et ces incertitudes, le zèle de la Révérende Mère ne se ralentissait pas ; elle faisait exécuter de grands travaux de constructions et remplaçait la petite chapelle provisoire par un édifice plus vaste et plus convenable ; elle songeait aussi à étendre davantage le cercle de son action, en formant de nouveaux établissements de sœurs dans plusieurs des quartiers abandonnés de la Guyane.

« Nous placerons, écrivait-elle, trois ou quatre religieuses dans tous les quartiers un peu nombreux. Mana les soutiendra ; nous donnerons à chaque maison des troupeaux, avec deux Noirs et leurs femmes, une petite pharmacie, et puis mes filles feront la classe. Elles auront une chapelle où la population se réunira le dimanche, on leur fera l'instruction, et quand le missionnaire viendra, il trouvera tout préparé. »

Ce plan ne se réalisa pas aussi promptement et aussi complètement que la Révérende Mère l'avait désiré ; néanmoins ce fut là le germe des petits établissements de Sinnamary, de Kourou, de Rouca et d'autres encore qui prospérèrent dans la suite.

L'œuvre de la colonisation de Mana, durant ces deux premières années, avait marché sans rencontrer de graves obstacles, mais les deux années suivantes ne devaient pas être aussi faciles. Avant le mois d'août 1830, cessèrent les subventions que le gouvernement avait promises ; sans doute cette situation était prévue, mais les revenus des deux années seulement n'étaient pas assez considérables pour que la transition ne fût pas difficile. Aussi la Révérende Mère et ses filles, voulant autant que possible dissimuler cet état de gène aux colons afin de ne pas les décourager, se virent obligées de s'imposer pendant deux ans au moins de douloureuses privations, et de subir les rigueurs d'une excessive pauvreté. La cessation des allocations du gouvernement n'était pas la seule cause d'un tel état de choses ; les colons européens n'avaient pas répondu à toutes les espérances qu'on avait conçues à leur sujet : plusieurs s'étaient retirés, d'autres étaient allés chercher fortune ailleurs, presque tous s'étaient lassés, et quoiqu'on eût doublé le prix de leur engagement, le travail déclinait de plus en plus entre leurs mains. Alors la Mère fondatrice songea à introduire à Mana, comme élément nouveau de colonisation, des esclaves noirs, seuls

capables de supporter les rudes labeurs de l'agriculture sans subir les atteintes meurtrières des climats
tropicaux. Au prix de très grands sacrifices, elle
acheta trente-deux esclaves pour renforcer le personnel des travailleurs européens et faire face à la déser-
tion inévitable des colons, qui allaient se détacher
presque tous de la communauté à l'expiration de leur
engagement et reprendre leur indépendance. La Révérende Mère, après l'achat de ses Noirs, eut donc à
pourvoir au paiement de ceux qui se retiraient et à
la dotation de ceux qui s'établissaient dans la colonie.
Presque au même moment, le gouvernement issu de
la révolution de Juillet déclarait à la Révérende Mère
Javouhey, par l'organe de M. de Rigny, le nouveau
ministre de la marine, qu'il se désintéressait de cette
entreprise et se refusait à lui continuer aucun secours.
De plus, une sourde opposition, dont la jalousie
semblait l'unique cause, se manifestait dans l'administration coloniale et dans une partie de la population
de Cayenne, qui voyaient avec dépit les succès ines-
pérés et l'extension prodigieuse de la nouvelle colonie.
Telles étaient quelques-unes des difficultés contre
lesquelles la Révérende Mère avait à lutter presque
simultanément. Ce n'était pas chose facile, et lorsqu'on
songe à toutes les charges écrasantes qui venaient
fondre sur elle coup sur coup, on se demande comment elle put y suffire! Les soucis, les préoccupations
poignantes, les déceptions pénibles, qui accablèrent
la vénérée Mère pendant cette période, ne purent
jamais ébranler sa confiance en Dieu ; elle soutint ces
épreuves avec un courage admirable. « Je mets tout
cela au pied de la croix », disait-elle dès qu'il lui arrivait quelque chose de fâcheux. « Soyez tranquille
pour moi, le bon Dieu me donne autant de forces que
de peines : aussi je l'en remercie de tout mon cœur. »
Ou encore : « La croix n'est-elle pas plantée sur tous
les chemins par où passent les serviteurs de Dieu ?

Je m'estime mille fois heureuse d'être de ce nombre. Oui, la croix fait mon bonheur, et je prie le Seigneur de vouloir bien me conserver dans ces dispositions. Qu'il soit loué de tout ! *en tout et toujours* sa sainte volonté ! » Tel était le cri de son cœur et l'expression de ses sentiments les plus profonds et les plus sincères au moment où tant d'obstacles et de contradictions venaient gêner et compromettre sa généreuse entreprise.

La Révérende Mère était alors grandement pressée par ses filles de France de venir reprendre le gouvernement de la congrégation, afin de surveiller ses progrès et de lui imprimer un nouvel élan. Les lettres qui lui arrivaient étaient toutes remplies des instances les plus vives et les mieux motivées. Mais elle, attentive à suivre dans toute sa conduite les indications de la Providence, ne pensait pas que ce fût encore l'heure de partir. Elle répondait donc à toutes ces sollicitations par des lettres admirables, qui reflètent d'une façon touchante sa grande âme si profondément religieuse et toujours tout entière sous l'unique dépendance de Dieu.

On y voit que son admirable dévouement n'était que le fruit de ses dispositions intérieures, spécialement de son ardent amour de Dieu et des âmes, pour lesquelles elle se dépensait sans compter.

Elle avait su inspirer cette abnégation à ses filles, qui portèrent avec elle tout le poids de son œuvre, partout où il y avait des fatigues à supporter ou des dangers à courir ; toutes vivaient comme les indigènes, se contentant de la même nourriture, et ne désirant, pour toute récompense de leurs travaux, que le bonheur du ciel. Avec de pareils éléments, la Révérende Mère, malgré les obstacles que nous venons de rappeler, ne crut pas devoir renoncer à ce qui lui avait déjà coûté tant de soins et de labeurs. Dès que la retraite des colons européens fut opérée, elle

imprima une impulsion si active au travail, qu'on ne
s'aperçut guère de leur départ, et les progrès s'accentuèrent rapidement. En 1832, le gouverneur de
Cayenne, étant venu visiter Mana, se montra très
satisfait de l'état de la colonisation, et en rendit
compte au ministre de la marine, en ajoutant que,
d'après son avis, rien ne s'opposait plus à ce qu'on
commençât à satisfaire au désir de la Révérende Mère,
en lui envoyant un certain nombre d'orphelins pour
accroître la population de la colonie. L'appréciation
du gouverneur devait avoir d'autant plus de poids au
ministère, que trois ans auparavant, par mesure de
prudence, il s'était montré opposé à ce dessein. Pour
donner maintenant un pareil conseil, il fallait qu'il
fût bien assuré du bon état de Mana, et parfaitement
tranquille sur la stabilité et le développement de
l'établissement.

Peu après avoir fait sa demande d'orphelins pour
Mana, il sollicita pour lui-même un congé qui lui
permît de revenir en France ; d'autre part, la présence de la Révérende Mère au centre de la congrégation étant devenue absolument nécessaire, elle y
annonça son prochain retour. Dès lors, il parut plus
sage au ministère d'attendre leur arrivée à Paris avant
de prendre une décision définitive en cette affaire.

Pendant les derniers mois de son séjour dans la
Guyane, la vénérée Mère se multiplia afin de laisser
toutes choses en voie de prospérité. Elle ne voulut
partir qu'après avoir mené à bon terme une œuvre
nouvelle et admirable qu'avait tentée sa grande charité. Jusque-là, les lépreux, en grand nombre dans ce
pays, étaient relégués sur la côte de Sinnamary, dans
des îles désertes qui portaient le nom douloureusement ironique d'*îles du Salut* ; c'étaient des rochers
tristes, arides et brûlants, qui servaient à les séparer
de la population saine, mais qui, par ailleurs, ne
pouvaient qu'aggraver leurs souffrances. Ces malheu-

reux étaient parqués loin de tout commerce humain, à peu près abandonnés par l'administration coloniale, qui les nourrissait à peine, manquant souvent d'eau potable qu'il fallait leur envoyer de Cayenne, avec les vivres, quand le vent était favorable, demeurant continuellement en proie à leurs affreuses infirmités et à leurs vices, et dans un état répugnant de misère et de barbarie.

La Révérende Mère, étant allée les visiter plusieurs fois, fut vivement attendrie d'un tel spectacle, et offrit deux de ses filles pour le service de la léproserie ; elle obtint en même temps qu'on transférât immédiatement ces malheureux, au nombre de 89, à six lieues de Mana, dans une très belle position, sur les bords de l'Acarouany. Elle y fit faire de belles plantations, afin de rendre ce séjour aussi agréable que possible. Les Sœurs se disputaient le périlleux honneur de se dévouer au soulagement des lépreux, préludant ainsi d'un demi-siècle, dans l'obscurité de leur abnégation et la simplicité de leur charité, à l'héroïque dévouement du P. Damien, de Molokaï, dont le monde entier, il y a quelques années, célébrait à l'envi l'admirable sacrifice.

Au mois de mai 1833, la Révérende Mère s'éloigna de Mana. Elle s'arrêta trois semaines aux Antilles, où elle voulait visiter de nouveau les maisons de la Martinique et de la Guadeloupe. Là, elle reçut de la part de tous, gouverneurs, préfets apostoliques, clergé et population, un accueil enthousiaste. Elle consacra son court séjour à tout voir et à tout examiner, à donner des conseils, à encourager ce qui lui semblait bon et à reprendre ce qu'elle pouvait trouver de défectueux, mais surtout à recommander la simplicité religieuse et la fidélité à la règle. Ce devoir accompli, elle s'embarqua le 20 juin sur le navire *la Marne,* et vers le milieu d'août 1833, elle revit la terre de France, à Brest, au même lieu où elle l'avait quittée cinq ans auparavant.

CHAPITRE VIII

**La Révérende Mère revient en France.
Établissement à Paris.
Difficultés avec Mgr d'Héricourt, évêque d'Autun.**

En rentrant en France, la vénérée Mère fut bien
consolée par l'état de calme, de paix et de bon ordre
dans lequel elle retrouva toutes les maisons de la
congrégation. Le bon esprit et l'union n'avaient cessé
de régner partout parmi les sœurs, grâce en grande
partie aux efforts et à la sollicitude des Mères Marie-
Joseph et Clotilde, à qui elle avait confié la direction
de l'institut. Elles n'avaient pas jugé opportun de
faire des fondations nouvelles, sauf un ou deux établissements au diocèse d'Autun, et celui de Darnetal,
près Rouen, pour être le complément de l'asile Saint-
Yon. Durant cette période, les noviciats avaient continué à bien se recruter, fortifiant ainsi le personnel
de l'institut et préparant les éléments nécessaires
pour le développement continuel de ses œuvres.

Afin de tout voir par elle-même, la Révérende
Mère parcourut successivement les principales communautés. En allant à Paris, pour rendre compte
sans retard au ministère de la marine de sa mission
de Mana, elle avait visité Brest, Alençon et Rouen;
mais non contente de l'influence qu'elle exerçait par
sa présence, elle multipliait ses lettres, dont un grand
nombre nous restent encore et sont le témoignage de
sa maternelle sollicitude pour le bien général et le
progrès spirituel de son institut. Partout on y trouve
les exhortations les plus pressantes, les avis les plus

judicieux, et l'on est frappé de l'étonnante pénétration d'esprit et de fermeté d'âme qu'elles annoncent, en même temps que des dispositions édifiantes et religieuses qu'elles révèlent.

Pendant que la Révérende Mère promenait ainsi son regard vigilant sur les maisons de l'institut, soit pour féliciter et encourager ses filles, soit pour découvrir les points faibles et y apporter les remèdes nécessaires, soit enfin pour rappeler les grands principes de la vie et des vertus religieuses, elle-même donnait un grand exemple d'humilité et de soumission aux règles relatives à la durée de la charge de supérieure générale. Ces règles, promulguées en 1827, limitaient à six années ses pouvoirs. Comme fondatrice, elle aurait pu se soustraire à cette loi qui ne paraissait pas faite pour elle ; mais, ne voulant aucune exception, elle s'empressa, dès son retour, de convoquer à Cluny le chapitre général. Elle le fixa au 15 octobre pour le placer sous le patronage de la vierge d'Avila, dont elle avait reçu tant de marques d'une spéciale protection. Ce chapitre ne pouvait présenter aucune difficulté, et il n'y eut pas d'hésitation dans les votes, qui furent à l'unanimité en faveur de la vénérée fondatrice. Après avoir accompli ce devoir, la Révérende Mère se rendit à Chamblanc pour régler quelques affaires de famille et revoir sa petite communauté. Les bons habitants de son pays natal, ayant tous entendu raconter les merveilles qu'elle avait accomplies, la considéraient avec étonnement et embarras, et semblaient comme gênés et intimidés en sa présence, ne sachant pas même comment l'appeler ; mais elle, avec sa bonhomie et sa simplicité ordinaire, les mit bientôt à l'aise en leur disant : « Mais dites donc tout simplement Nannette ! Ne suis-je pas toujours votre Nannette d'autrefois, qui n'a pas cessé de penser à vous tous et de vous aimer ? »

La Révérende Mère se rendit ensuite dans le Midi, où il lui tardait de revoir les maisons qu'elle y avait fondées six ans auparavant.

« Je viens de visiter les maisons du Midi, écrivait-elle, je les ai trouvées dans un très bon état, se rendant très utiles et jouissant de la confiance la mieux méritée. Celle de Limoux l'emporte cependant sur toutes les autres par sa position et par ses ressources. »

C'est ainsi que la Révérende Mère, sans s'accorder aucun repos, réjouissait et fortifiait par sa présence ses communautés de France. L'allégresse était générale et une ardeur nouvelle animait tous les cœurs. Le retour de la Révérende Mère en France fut le signal de nouvelles fondations. La première, celle de Saint-Affrique, au diocèse de Rodez, l'un des plus religieux de France, devint dans la suite une nouvelle pépinière d'excellentes vocations.

Auprès de Rouen, la Révérende Mère jeta sur la rive gauche de la Seine les fondements de l'établissement de Quevilly pour l'éducation de la jeunesse, et cette maison prépara à son tour, sur les hauteurs de la rive opposée, la fondation de Dieppedalle dans les restes d'un couvent dont la Révolution avait dépouillé les enfants de saint François. Enfin, dans le même diocèse, elle accepta la direction de l'hospice de Gournay. En redescendant dans le Midi, nous voyons encore la vénérée Mère ouvrir successivement, sur la demande des populations, les maisons d'éducation de Chabeuil et de Moras dans le diocèse de Valence, puis de Lavelanet dans celui de Pamiers.

D'autre part, la Révérende Mère sentait avec peine approcher le terme de la concession faite en 1819 par la comtesse de Ruffo, de son château de Bailleul ; elle aurait bien désiré acheter cette vaste demeure pour en faire la résidence du conseil et du noviciat central de l'institut, mais les héritiers tenaient beaucoup à conserver leur domaine; aussi la vénérée Mère dut se résoudre à supprimer cette communauté, ce qui n'eut lieu néanmoins qu'au commencement de 1837, à l'expiration du bail de 1819. Toutefois, voulant laisser la maison centrale du Nord dans ce même diocèse où l'institut avait trouvé un si bienveillant accueil, la vénérée Mère fit, en septembre 1834, l'acquisition d'une propriété à Senlis, où déjà la congrégation avait une école, et elle y établit, en 1835, un pensionnat auquel un grand avenir paraissait réservé; ce fut là que deux ans plus tard, à la suppression de Bailleul, elle transporta le noviciat et une grande partie du personnel de cette maison.

A cette même époque, une autre fondation très importante sollicita tous les soins de la Révérende Mère. De tout temps, elle avait cherché à posséder une maison à Paris, mais des obstacles s'y étaient toujours opposés; c'est pourquoi, une occasion favorable s'étant rencontrée, elle loua pour quinze ans un vaste local au faubourg du Roule afin d'y établir, avec d'autres œuvres, une maison d'étude pour les jeunes sœurs destinées à l'enseignement. C'était là une de ses grandes préoccupations; car, autant par zèle que par esprit de justice, elle tenait à ce que les membres de l'institut fussent à la hauteur de leurs fonctions et réellement capables d'avoir une solide influence sur la jeunesse, surtout au point de vue religieux.

Cette première maison de Paris ne tarda pas à devenir de fait, sinon de droit, le centre administratif de la congrégation, en attendant que, transférée au faubourg Saint-Jacques, elle fût érigée régulièrement en maison-mère de tout l'institut.

L'historien de la Révérende Mère, auquel nous avons déjà eu recours plus d'une fois, nous dépeint d'une façon très saisissante l'activité qu'elle dépensait

en mille manières, pensant à tout et menant tout de
front avec autant d'aisance que de vigueur.

Femme vraiment étonnante, nous la voyons aller encourager tour
à tour par sa présence et ses exhortations les aspirantes et les
novices à Cluny, à Bailleul, à Limoux ; assister à toutes les cérémonies de vêture et de profession ; prendre part à toutes les retrai-
tes spirituelles qui se donnent dans ses principales maisons ;
traverser la France en tous sens, conduisant tantôt dans tel port,
tantôt dans tel autre, des sœurs destinées à diverses colonies ;
visiter toutes ses communautés selon qu'une affaire à décider ou
une supérieure à encourager l'y appelle. « Je vais partir tout à
l'heure pour Senlis, Crépy et Nanteuil, écrivait-elle, et tout cela
doit se faire en trente-six heures, car je veux être à Paris pour
recevoir une vingtaine de nos chères sœurs et trois prêtres qui
viennent faire la retraite à Bailleul. » Au retour d'un voyage en
Bourgogne, elle écrivait à la Mère Théophile, supérieure à Rouen :
« Je viens, ma chère fille, d'arriver à Paris, et ce soir je me rends à
Bailleul, près de nos chères filles, avec dix-huit jeunes sœurs que
j'ai amenées de Cluny. J'espère vous aller voir bientôt, avant mon
voyage de Brest, où je dois conduire nos chères enfants pour différentes colonies. »

Elle ne fait trêve à ses voyages, dont elle utilise les longues
heures passées en voiture par des lectures propres à l'édifier ou à
l'instruire, que pour se tenir au courant de toutes les nouvelles
intéressant le bien de l'institut, des colonies et des missions ;
entretenir des rapports réguliers avec les ministères pour l'envoi
des sujets, leur rapatriement, etc.; visiter les gouverneurs et les
préfets apostoliques se rendant aux colonies ou revenant de ces
pays; donner des ordres pour les placements ou déplacements des
sœurs, dont elle dépeint d'un trait de plume les aptitudes et le
caractère; pourvoir elle-même aux besoins des maisons; se livrer
enfin à une correspondance suivie avec les maîtresses des novices
pour la bonne formation des sujets, et avec les supérieures pour
les intérêts divers de leurs communautés.

Dans ces lettres, toujours substantielles, nettes et précises, il est
rare que les choses de pure administration ne soient pas relevées
par quelque pieuse considération, car la digne Mère basait inva-
riablement toutes choses sur des principes de foi. On admire aussi
comment elle pense à tout, soit pour un plus grand bien à faire,
soit pour certains intérêts à ménager ou quelque satisfaction à
donner aux sentiments de son cœur, qui conservait toujours une
grande délicatesse malgré les années et les affaires.

Telle était donc à cette époque la vie pleine et
féconde de la R. M. Javouhey, qui, au milieu des
mille peines et préoccupations inséparables de sa
position, conservait son âme dans une tranquillité et

une sérénité parfaites. Faisant allusion à ces difficultés, elle écrivait agréablement : « Vous le savez, la croix ne me laisse pas marcher seule, sans appui. » Et pourtant, à ce moment même, une croix plus lourde et plus douloureuse se préparait, qui allait tomber sur ses épaules, sans pourtant les faire ployer sous le faix.

Dieu, comme l'a dit M. Léon Aubineau en parlant de la vénérée Mère, Dieu permet bien des choses ; il a des combinaisons inattendues et pénétrantes pour éprouver ses saints. La grande épreuve de la Mère Javouhey fut son démêlé avec l'évêque d'Autun. Son historien est entré franchement dans les détails. Il a eu raison. Le récit qu'il a donné de ce différend, où les intentions étaient droites et pures de part et d'autre, ce récit est intéressant et édifiant. Il est toujours bon de voir la conduite des saints dans les circonstances difficiles. Il y a là matière à d'utiles et sérieuses méditations, et les contradictions que les saints ont à supporter les uns des autres sont pleines d'enseignements : la vertu brille à travers les démêlés humains.

L'évêque d'Autun, Mgr d'Héricourt, était un pieux et zélé prélat, plein d'énergie sacerdotale. La congrégation de Saint-Joseph de Cluny, dont la maison-mère appartenait à son diocèse, devait naturellement être l'objet de sa sollicitude. La voie où marchait la R. M. Javouhey n'était pas commune ; mue par l'impulsion divine, elle y avançait d'un pas délibéré, qui parfois pouvait paraître toucher à la témérité et faire frémir ou confondre la prudence humaine. L'évêque d'Autun, qui ne croyait devoir rien laisser dans son diocèse en dehors de sa vigilance, voulut se rendre compte de tout et aller au fond des choses. Pour répondre à la voix de sa conscience et être assuré de la bonne direction de l'institut, il voulut se l'attribuer à lui-même, et, en sa qualité d'ordinaire de la maison de Cluny, il se prit pour supérieur général d'une congrégation qui s'étendait bien au delà des limites de son diocèse ; en conséquence il voulut modifier et refondre les premiers statuts approuvés par ses prédécesseurs. Une nouvelle assemblée capitulaire de la congrégation, qui devait se tenir le 29 avril 1835, au jour même de la fête du grand saint Hugues de Cluny, pour l'élection des conseillères, parut au prélat une occasion favorable pour exposer ses plans à la vénérée fondatrice et aux principaux membres de l'institut. Déjà son dessein avait quelque peu transpiré, aussi la vénérée Mère écrivait-elle en parlant du prochain chapitre : « On dit que Mgr d'Autun porte à cette réunion des dispositions peu favorables ; nous verrons. Pour moi, j'y vais avec grande confiance ; ma confiance est en Dieu ; c'est son œuvre que j'ai l'honneur de faire ; il saura bien la défendre. »

Les inquiétudes de la vénérée Mère étaient fondées ; Mgr d'Autun vint présider le chapitre et il proposa les nouveaux statuts qu'il avait élaborés lui-même. Le prélat trouva une résistance que sans doute il avait dû prévoir, mais dont il avait espéré triompher. La Révérende Mère, après un instant de surprise et une première concession qu'elle se laissa arracher, se montra inébranlable. Ses filles témoignèrent le même attachement à ces statuts qui avaient fait le progrès et le succès de l'institut, qui étaient la vie et l'âme de la congrégation. « Je mourrai appuyée sur nos anciens statuts », disait la Révérende Mère, dont la force venait de sa conviction d'accomplir la volonté de Dieu.

« Il est le maître, disait-elle, il pouvait choisir des rois, des évêques, des prêtres... et n'a voulu que des pauvres filles ignorantes afin que les hommes, reconnaissant le doigt de Dieu, lui en rapportent la gloire. Tout ce qui sera changé aux statuts approuvés deviendra une source de troubles et de chagrins pour la congrégation. Si Mgr d'Autun obtenait ce qu'il désire, vous verriez bientôt autant de sociétés que de diocèses et de colonies. »

Elle disait vrai en effet, car nous trouvons dans une autre de ses lettres ce passage significatif :

6

« Mgr d'Autun désire qu'il n'y ait qu'un noviciat et qu'il soit à Cluny ; l'évêque de Beauvais le veut à Beauvais, avec un supérieur temporel qui dirige les dépenses et les recettes de l'institut ; Mgr l'archevêque de Paris pense que la suprématie lui revient de droit. Au milieu de toutes ces prétentions, je me repose en Dieu, qui saura bien faire pencher la balance du côté qui me fera plaisir si c'est sa volonté... Je vous ferai connaître comment tant de Grandeurs s'entendront. »

La vénérée Mère savait par expérience combien facilement commencent les schismes ; elle connaissait le prix de cette complète unité de vues et d'action si nécessaire au succès d'une œuvre comme la sienne, et elle voulait que son institut conservât cette unité avec un soin jaloux.

Heureusement la congrégation, solidement établie sur les bases de la charité, de l'union et du dévouement, ne se laissa pas ébranler par cette grande épreuve. Au reste, malgré le retentissement que le différend existant entre Mgr l'évêque d'Autun et la R. M. Javouhey eut en France pendant quelque temps, l'opinion semblait assez peu éclairée sur la nature même du désaccord. Par le fait, il s'agissait d'une question de juridiction qui pouvait être diversement jugée, dans ce temps surtout où la jurisprudence ecclésiastique relativement aux congrégations modernes répandues dans divers diocèses et possédant une maison-mère n'était pas, à beaucoup près, aussi clairement définie qu'elle l'est aujourd'hui.

Il n'est pas inutile d'ajouter aussi que la Révérende Mère, dans ce débat qui dura de longues années et qui ne prit fin qu'à la mort de Mgr d'Héricourt, n'était pas tout à fait sans appui... L'évêque de Beauvais, qui avait revendiqué pour son diocèse le noviciat central, avait eu pour successeur le pieux et bon Mgr Gignoux. Celui-ci, loin d'entrer dans les prétentions de l'évêque d'Autun, ne les trouvait nullement fondées. Bien plus, il lui écrivait qu'il ne voyait rien dans les statuts de la congrégation qui lui conférât les droits qu'il réclamait, et que la qualité d'ordinaire de la maison-mère n'entraînait pas celle de supérieur général de la congrégation ; à l'appui de sa thèse, il lui signalait même une décision de Rome à ce sujet.

Le judicieux et sage Mgr Rousselet, évêque de Séez, estimait aussi que Mgr d'Autun poursuivait une chimère. D'autres évêques encore qui connaissaient bien les sœurs et étaient à même, comme les deux prélats de Beauvais et de Séez, de juger de leur esprit d'humilité, de soumission et de charité, partageaient leurs sentiments ; entre autres le vénérable évêque de Carcassonne, Mgr de Gualy, était inébranlable dans le témoignage qu'il rendait aux droits, au bon esprit et au bon gouvernement de la Révérende Mère. Celle-ci, on le voit, avait de puissants appuis, grâce auxquels, après Dieu, elle dut de ne point succomber dans la lutte.

Ces détails étaient nécessaires pour expliquer les mesures rigoureuses que, dans la suite de ce récit, nous verrons frapper la Révérende Mère et quelques-unes de ses principales maisons ; en outre, après cet exposé, il sera aisé d'apprécier toute l'amertume de cette longue et cruelle épreuve qui, commencée avant 1835, durera autant que la vénérée fondatrice.

Maintenant, nous allons suivre de nouveau la Révérende Mère, qui va quitter l'Europe et traverser une troisième fois les mers pour continuer, compléter et parfaire son admirable entreprise de Mana.

CHAPITRE IX

**La R. M. Javouhey retourne à Mana. — Oppositions
contre l'œuvre colonisatrice.**

Malgré tant de travaux, de soucis et de sollicitudes
de tous genres, la vénérée fondatrice était loin d'oublier Mana ; de son côté, le gouvernement ne perdait
pas non plus le souvenir des résultats obtenus, ni
l'envoi promis de jeunes orphelins de France pour
peupler la colonie. Mais au moment de réaliser ce
dessein, d'autres projets commençaient à se faire
jour : le gouvernement de Juillet s'occupait beaucoup
alors de la grave question de l'abolition de l'esclavage des Noirs, que la Révolution de 1830 avait mise
à l'ordre du jour, et il se demandait si, au lieu de
continuer à la Guyane l'essai de colonisation avec les
orphelins européens, comme le proposait la Révérende Mère, il ne valait pas mieux faire servir à cette
fin les Noirs capturés sur les négriers, en vertu de la
loi du 4 mars 1831 pour la répression de la traite.
Ces Noirs, déclarés libres par le gouvernement, et
pour cela désignés sous le nom de *libérés,* étaient
néanmoins soumis à un engagement qui ne pouvait
excéder sept années. Ils étaient réunis à Cayenne au
nombre de cinq cents environ et travaillaient dans
les ateliers publics ; mais la métropole n'envisageait
pas sans effroi le moment où cette masse d'individus,
encore à l'état sauvage, serait rendue à une pleine
liberté. Aussi le gouvernement, qui comprenait le
danger, aurait vivement désiré que la Révérende
Mère, dont il connaissait la haute valeur, consentît à

se charger de commencer la formation et, en quelque
sorte, l'éducation de ces Noirs. Le ministre de la
marine, l'amiral Duperré, qui voulait s'entourer de
toutes les garanties possibles dans une affaire assez
importante, avait nommé une commission pour étudier
la question. Les travaux terminés, M. de Lamartine
remit au ministre, le 21 juin 1835, un rapport très
remarquable qui concluait en faveur des plans du
gouvernement, c'est-à-dire du projet de confier à la
Mère Javouhey la difficile et charitable mission de
transformer en chrétiens et de civiliser les nègres
libérés, et de ménager la transition entre l'état mixte
dans lequel ils se trouvaient et celui d'hommes tota-
lement affranchis appelés à se fondre dans la population libre de la Guyane. Au cours de ce rapport,
M. de Lamartine avait été amené à parler de l'œuvre
entreprise à Mana et des résultats déjà-obtenus ; il
l'avait fait en des termes fort élogieux, et dont nous
ne pouvons citer que quelques lignes très significa-
tives :

Toutes nos colonies connaissent le nom, les vertus et les œuvres
d'une congrégation de femmes, sous la dénomination de Sœurs de
Saint-Joseph de Cluny, congrégation fondée et dirigée même aujourd'hui par Mme Javouhey. Cet ordre a fourni à nos colonies des
maisons d'éducation et des hôpitaux qui ont mérité aux sœurs de
Saint-Joseph l'estime des colons, la reconnaissance des nègres et la
confiance du gouvernement. Des essais de colonisation, dirigés par
Mme Javouhey, sous les auspices du gouvernement de 1828, attes-
tent par leur succès l'efficacité du système de cette femme supérieure et l'empire qu'elle a su prendre, par la seule influence de son
caractère et de son esprit de bienveillance, sur les Noirs confiés à
sa direction. La tentative de colonisation faite par Mme Javouhey,
au moyen de cultivateurs blancs, avait échoué en partie, mais,
reprise aussitôt avec des Noirs qui passaient pour les plus mauvais
sujets de la colonie et dont la plupart étaient des repris de justice
et d'anciens marrons, elle a eu un succès complet. La conduite de
ces nègres n'a donné lieu à aucun reproche et ils sont devenus,
sous l'influence du régime doux, charitable et religieux auquel les
soumet Mme Javouhey, des hommes honnêtes, paisibles et laborieux.

La Révérende Mère accepta, en esprit de foi et par

amour pour les membres délaissés de Jésus-Christ, la proposition qui lui était faite. Il lui en coûta beaucoup, sans aucun doute, de renoncer à ses desseins pour les jeunes orphelins de France, mais elle dut reconnaître que, sans l'avoir aucunement cherché, elle allait rentrer dans la voie providentielle que Dieu avait semblé lui indiquer lui-même aux débuts de sa vocation surnaturelle : de nouveau elle allait travailler et se dévouer au salut des Noirs, non pas au milieu des sables brûlants du continent africain, mais au milieu des forêts et des savanes du Nouveau-Monde. La Révérende Mère mit néanmoins à son acceptation une condition, que sa sagesse et son expérience lui montraient nécessaire : elle demanda, d'une part, l'isolement de Mana, afin que les nègres dont elle serait chargée n'eussent aucun contact avec les habitants de la Guyane, dont, à bon droit, elle redoutait l'influence nuisible; et d'autre part, elle réclama pour elle-même une indépendance absolue dans la direction de la petite colonie. La commission agréa ces demandes, et sans retard une décision ministérielle, ratifiée par la sanction royale, approuva les conclusions du rapport. Tout fut ainsi réglé. Le ministre, en transmettant à la Révérende Mère copie de l'arrêté royal, lui adressa les plus bienveillants encouragements et les témoignages les plus flatteurs de sa haute estime. « Le gouvernement vous donne, Madame, un grand gage de confiance, en vous remettant le soin de former aux bonnes mœurs et au travail les Noirs libérés de la Guyane, et, s'il y a lieu, ceux des autres colonies. Il compte sur les hautes qualités qui vous distinguent et sur votre persévérance pour conduire à bien cette louable entreprise, et il sera heureux d'avoir à constater un tel succès. »

Du reste, il se faisait alors beaucoup de bruit autour du nom de la Révérende Mère ; elle en était fatiguée

et importunée et s'écriait souvent : « Quand serai-je
donc dans le calme et la solitude des forêts de la
Guyane, occupée seulement de Dieu et des pauvres
nègres qu'on veut bien me confier! » Sa réputation
était même parvenue jusqu'à la famille royale, dont
elle avait l'estime et la confiance; aussi, avant qu'elle
quittât la France, le roi Louis-Philippe tint à la voir
et lui accorda plusieurs audiences aux Tuileries. Elle
s'y rendit presque tous les jours de la semaine qui
précéda son départ, afin d'arrêter avec le roi tout ce
qui concernait l'émancipation des Noirs. La veille de
son départ, Louis-Philippe voulut qu'une messe fût
célébrée à la chapelle royale,. en présence de la
Révérende Mère, pour solliciter les bénédictions
divines sur l'entreprise; il y assista lui-même avec la
reine Marie-Amélie et les princesses royales. C'est
sans doute à cette époque que le roi, ayant pu apprécier la haute portée de l'intelligence et du caractère
de la Révérende Mère, dit en parlant d'elle :
« Mme Javouhey, mais c'est un grand homme! » Ces
paroles ont été attribuées faussement à Chateaubriand, c'est vraiment Louis-Philippe qui les a pro-
noncées.

Tout était prêt pour le départ de la Révérende Mère,
lorsque Mgr l'évêque d'Autun voulut s'y opposer ;
mais le ministre de la marine intervint, et elle reçut
du ministre des affaires ecclésiastiques l'ordre formel
de partir. Elle prit donc congé de ses filles de Paris,
après avoir placé à la tête de la maison de la rue de
Valois sa sœur, la R. M. Marie-Joseph, qui, de ce
poste, devait gouverner la congrégation durant son
absence. Le 24 décembre 1835 elle arrivait à Brest,.
et le 26 elle quittait de nouveau la terre de France,
pour aller se consacrer à l'œuvre que la divine Providence lui confiait. On fit une courte relâche au
Sénégal, pour lui permettre d'aller visiter les deux
maisons de Saint-Louis et de Gorée, qu'elle trouva en

parfait état. « J'ai revu nos maisons du Sénégal avec un plaisir extrême, écrivait-elle ; la règle y est bien observée, l'ordre y règne, les sœurs sont intimement unies au tronc de la congrégation, elles sont aimées et vénérées dans le pays. »

Elle profita de sa présence au Sénégal pour acheter un certain nombre de négresses pour Mana ; mais elle n'en fit pas elle-même les frais : ils furent supportés par la sœur du roi, Madame Adélaïde, qui, prenant grand intérêt à la mission de la Révérende Mère, lui avait fait don d'une généreuse aumône pour l'employer à cet usage. Après dix jours passés dans les deux colonies, la Mère Javouhey, heureuse d'avoir revu cette terre d'Afrique qui lui rappelait de si précieux souvenirs, reprit la mer avec joie, emmenant avec elle les négresses qu'elle venait d'arracher à la servitude ; la traversée se poursuivit sans incidents fâcheux, et bientôt elle arriva au terme de ce lointain voyage.

La Révérende Mère débarqua à Cayenne le 18 février 1836. Dès son arrivée, on commença à transporter à Mana les premiers nègres libérés ; comme l'établissement n'était pas encore disposé pour les recevoir tous, on les fit partir par détachements successifs, au fur et à mesure de l'avancement des travaux ; c'est ainsi que 476 Noirs furent envoyés à Mana dans l'espace d'une année. En voyant ces pauvres nègres, vrais parias de la société, remis à son dévouement, la Révérende Mère bénissait mille fois la Providence.

« Que je serai heureuse, disait-elle, si je parviens à leur faire reconnaître notre Dieu que les Blancs servent si mal ! Priez bien, mes chères filles, pour que mes péchés ne soient pas un obstacle aux desseins de miséricorde de Dieu sur ce peuple malheureux ! »

La translation des Noirs en si grand nombre à Mana ne laissa pas que d'être extrêmement embarrassante, à cause de la disette qui régnait alors dans tout le pays, et qui fit sentir à la petite colonie toutes les rigueurs de la plus excessive pénurie.

Cette difficulté, toutefois, ne fut que passagère ; mais il n'en était pas malheureusement de même des contradictions, des ennuis, des persécutions même et des vexations qui venaient du dehors, et que l'intérêt ou la jalousie avaient fait germer depuis bien longtemps. C'étaient surtout les chefs des ateliers du gouvernement et les habitants de Cayenne qui nourrissaient ces sentiments hostiles. Ce qui les exaspérait davantage en ce moment était la crainte que cet essai de libération partielle ne fût le prélude d'une émancipation générale des esclaves : leur intérêt se trouvait trop en jeu pour qu'on pût s'étonner de leur mauvais vouloir, et ils ne se bornèrent pas à des plaintes et à des critiques malveillantes. Certains d'entre eux ne reculèrent pas devant des actes de réelle injustice, et plusieurs même devant l'idée du crime. Ils donnèrent à quelques nègres l'odieux conseil de faire chavirer le canot de la Révérende Mère lorsqu'ils la conduiraient au village des lépreux de l'Acarouany. Un de ces misérables accepta d'accomplir ce forfait pour une somme d'argent. L'occasion ne se fit pas attendre. Peu après, la vénérée Mère voulut visiter les lépreux ; le voyage d'aller se passa bien : le soir, quand arriva le moment de rentrer à Mana, un des nègres, nommé Bernard, vint la prévenir de ce qui se tramait contre sa vie, et la supplia de ne point partir la nuit ; mais rien ne put l'arrêter, et, recommandant son âme à Dieu, elle monta en canot sans laisser apercevoir le moindre trouble. Dieu bénit sa confiance et son courage ; c'est en vain que le traître, qui n'avait pas le courage de commettre son crime ouvertement, et qui préférait laisser croire à un simple accident, essaya, durant toute la nuit, de lancer le canot d'un bord à l'autre dans les branches épineuses des palétuviers qui couvraient les rives :

le canot ne sombra pas ; seulement le trajet, qui était de trois ou quatre heures, en dura douze, de sorte que la nuit y passa tout entière. Au retour, la Révérende Mère ne témoigna pas plus de ressentiment qu'elle n'avait manifesté de trouble ou de frayeur au moment de l'attentat. Elle ne parla même pas de ce fait à ses filles, qui l'apprirent seulement par le nègre Bernard ; elle ne fit point de réprimande à celui qu'elle savait fort bien n'avoir été qu'un instrument, mais, par prudence, elle cessa de l'employer à la navigation et l'envoya travailler dans les abattis. Depuis lors, ce malheureux sembla frappé de la malédiction divine : il était toujours agité et inquiet, tous ses enfants furent frappés de la lèpre, et lui-même mena jusqu'à sa mort une vie triste et misérable.

Ce fait monstrueux est heureusement unique dans l'histoire de la vénérée Mère, mais la malveillance que lui témoignait en toute circonstance le conseil colonial, écho retentissant de l'opinion publique, ne cessa de la poursuivre Ce qui irritait particulièrement les adversaires de la Révérende Mère, c'était non seulement le pouvoir discrétionnaire qui lui avait été donné pour l'administration intérieure de la nouvelle colonie, mais encore l'interdiction de l'entrée de Mana, et par suite des territoires qui l'avoisinent, à toute personne qui n'aurait pas reçu d'elle une autorisation spéciale.

Pour donner du poids à leurs griefs, les ennemis de l'œuvre de Mana ne craignirent pas de dénaturer les faits, et parfois de recourir à la calomnie, puis ils cherchèrent à surprendre l'opinion en France par la voix de la presse. Le journal protestant *Le Temps* se fit l'écho de leur colère. M. de Choisy, gouverneur de Cayenne, protestait en vain.

« Mme Javouhey, écrivait-il, s'est acquis toute mon estime ; c'est une femme de talent et de caractère remarquable. Je la soutiens non seulement parce que j'obéis à mes instructions, mais encore à cause de sc.. mérite. »

Sans se laisser émouvoir par les passions violentes qui se soulevaient ainsi contre elle, la Révérende Mère, soutenue par sa confiance en Dieu et par son amour des âmes, continuait résolument son œuvre. Elle s'appliquait par la bonté à gagner le cœur de ceux qu'elle aimait à appeler *ses enfants,* afin d'arriver plus facilement à leur intelligence. Son plan général d'éducation, suivi avec persévérance et sagesse, ne tarda pas à faire espérer d'heureux fruits. Ce n'étaient encore, il est vrai, que des promesses, mais avec le temps les progrès s'accentuèrent, et, après deux années seulement, les résultats obtenus purent facilement être constatés par le témoignage officiel du gouverneur de Cayenne, qui, en août 1837, rendant compte au ministère de sa visite d'inspection à Mana, en parla très favorablement.

Peu de mois après, le gouvernement français eut la confirmation de ce témoignage par le prince de Joinville, qui, au cours d'un voyage aux colonies, visita Mana et fut vivement frappé de tout ce qu'il y vit. Enfin la Révérende Mère voulut elle-même, dans un long et fort remarquable rapport, faire connaître au ministère sa propre appréciation sur l'état général de la colonie. Telle était la situation de Mana, lorsqu'en mai 1838 arriva l'époque de la première émancipation : cette libération devait s'étendre à 169 Noirs ; tout se passa en cette circonstance d'une manière très satisfaisante, mais sans démonstrations et sans aucune formalité administrative. Deux mois plus tard, M. le gouverneur Ducamper vint visiter la colonie au nom du roi et donner un caractère officiel et légal à l'émancipation du 21 mai. Cette fois la réception se fit solennellement et avec une grande dignité : le gouverneur examina tout en détail, et de retour à Cayenne il rédigea, pour le ministre de la marine, un rapport beaucoup plus détaillé et encore plus favorable que celui de M. de Choisy. Le ministre en fut très satisfait ; il fit presque doubler la dotation de la petite colonie, et, le 19 janvier, il écrivit à la Révérende Mère, lui adressant ses félicitations et lui donnant l'assurance de ses bienveillantes dispositions pour le développement et le succès de son œuvre.

L'année suivante, le 30 août 1839, la Révérende Mère fondatrice, écrivant à la Mère Joséphine, supérieure de Pondichéry, lui donnait en ces termes son appréciation sur la situation de Mana à cette époque :

« Notre bon gouverneur, M. Ducamper, qui devient le vôtre, vous dira sans doute que l'œuvre de Mana contrarie les habitants de Cayenne : en conséquence ils ne m'aiment pas ; leur haine augmente avec nos succès, cela ne vous étonnera pas ; mais je n'en suis pas malheureuse, au contraire. J'ai la conviction que je fais la sainte volonté de Dieu, je suis heureuse et très heureuse, je ne désire rien que l'accomplissement de cette volonté divine. Notre colonisation va très bien, les progrès dans le bien ne sont pas très rapides, mais ils sont constants. Ainsi priez le Seigneur qu'il nous bénisse et nous fasse la grâce de persévérer dans une si sainte entreprise. Ma chère Mère de la Martinique est partie pour la France, afin de me remplacer dans ce qui sera nécessaire. Je ne doute pas qu'elle ne fasse infiniment mieux que moi ; tout sera tranquille sous sa direction, elle est tant aimée ! »

La Révérende Mère commençait à recueillir les fruits de ses pénibles labeurs : au dedans, la situation était bonne et permettait d'envisager l'avenir avec confiance ; au dehors, l'administration se montrait satisfaite des résultats obtenus. Mais restaient les ennemis de la Révérende Mère et de Mana, que rien ne semblait pouvoir désarmer, et qui en ce moment même redoublaient leurs attaques. A cette occasion,

la vénérée fondatrice disait : « Dieu m'envoie assez
de croix pour que je n'aie pas la pensée de m'élever
et pour que je me tienne dans l'humilité, en conservant toutefois la ferme espérance qu'il soutiendra son
œuvre malgré les efforts de ceux qui conjurent sa
ruine. »

En 1839, l'inspection de Mana fut confiée à l'ordon-
nateur de la colonie, choisi à dessein par ceux qui
avaient intérêt à obtenir des appréciations moins
favorables à l'œuvre que celles des deux gouverneurs
qui l'avaient visitée en 1837 et 1838. Il ne nia pas
absolument qu'il y eût avancement et progrès dans la
situation de la colonie de Mana, mais il sut fort bien,
avec toutes les apparences de la modération et avec
une bienveillance affectée, amoindrir considérablement les éloges qu'il avait à donner, et il ne laissa
aucun point sans critique. Ce rapport, quelque dangereux qu'il fût, ne sembla pas cependant produire
une trop fâcheuse impression au ministère, qui, bientôt après, donna à l'œuvre une nouvelle preuve de son
intérêt en augmentant de 10,000 francs la dotation
de la petite colonie. La Révérende Mère en profita
pour faire remplacer la chapelle provisoire, devenue
insuffisante, par une église plus en rapport avec
l'augmentation de la nouvelle population : elle ne
ménagea rien pour faire de cette église l'édifice le
plus soigné et le mieux orné de tout le pays, puis
elle fit construire un hôpital pour remplacer l'ancien,
qui tombait en ruines.

CHAPITRE X

**Situation pénible de la Révérende Mère à la Guyane.
Elle quitte Mana.
Destinées de cette œuvre.**

Malgré tout ce qui se tramait contre elle, la vénérée Mère, loin de laisser son ardeur se ralentir, semblait s'attacher à sa mission avec d'autant plus d'énergie qu'elle y trouvait plus de souffrances et de contradictions. Toutefois il faut reconnaître que si les attaques incessantes et passionnées ne lui étaient pas épargnées, la justice et la vérité arrachaient parfois même à ses ennemis des aveux inconscients et involontaires en faveur de son *œuvre* : témoin le *Constitutionnel,* qui, au commencement de 1841, publia un long article plein d'éloges sur la Révérende Mère, les services rendus par son œuvre de Mana et le dévouement de sa congrégation. A peu près dans le même temps, le nouveau gouverneur de la Guyane, M. le capitaine de vaisseau Charmasson, faisait aussi la visite de Mana et adressait au ministre un rapport qu'il concluait ainsi : « En voyant l'ordre qui règne dans cette colonie qui n'a pour chef qu'une religieuse, on est obligé de reconnaître en Mme Javouhey une femme d'une intelligence supérieure. »

Tout ce que la Révérende Mère avait fait jusqu'ici ne suffisait pas encore à l'immense charité dont elle était animée pour cette pauvre race noire, si longtemps méprisée et opprimée. Au lieu de songer à prendre un repos bien mérité par tant de travaux, elle ne pensait qu'à élargir les bases de son entreprise en se chargeant de l'éducation de tous les enfants noirs de la Guyane : ces vues, qu'elle exposa au ministre de la marine, parurent si justes, que l'on témoigna l'intention de lui confier non seulement les enfants de la colonie, mais encore tous ceux des autres colonies françaises des Antilles. Un changement dans le personnel du ministère de la marine vint faire échouer ce vaste plan. La Révérende Mère, qui voyait tout au point de vue de la foi, en fut profondément affligée ; mais, comme toujours, elle se résigna. « Dieu seul ! dit-elle ; il est le Maître des cœurs. Je ne veux d'ailleurs que sa volonté, et la veux sincèrement. »

Cette peine ne fut pas la seule qui vint l'éprouver à cette époque. La croix, sans laquelle rien de grand et de salutaire ne peut s'opérer, lui était fidèle en ce moment, comme dans tout le cours de sa longue et difficile mission. A l'heure présente, elle l'atteignait de tous côtés à la fois et marquait encore plus profondément sur elle sa douloureuse empreinte. Vers la fin de 1840, au temps où elle avait besoin de toute son énergie et de toutes ses forces pour soutenir son œuvre en butte à tant d'attaques, la Révérende Mère tomba dans un état de faiblesse et de langueur qui donna des craintes pour sa vie. Le gouverneur en fut très inquiet, et il crut devoir en informer le ministère à cause des graves embarras qui auraient pu survenir si un pareil deuil était venu affliger la colonie. Les souffrances de la vénérée malade se prolongèrent longtemps, mais on put enfin se livrer à l'espoir de la conserver.

A peine revenait-elle à une santé moins chancelante, qu'elle reçut l'affligeante nouvelle de la mort de sa seconde sœur, la R. M. Marie-Thérèse. Elle était supérieure principale des Antilles depuis treize ans déjà, lorsqu'en 1839 la vénérée fondatrice, ainsi qu'elle l'écrivait à la Mère Joséphine, avait eu l'inspiration de la faire rentrer en France pour y suppléer à son absence prolongée. Elle revint à Cluny. où son souvenir était resté en grande vénération ; mais sa santé déjà ébranlée déclina rapidement et commença à donner des inquiétudes sérieuses. Quelques mois plus tard, la Providence permit que sa plus jeune sœur, la R. M. Rosalie, arrivât de Bourbon, comme pour revoir une dernière fois et pour assister à ses derniers moments celle qu'elle aimait et vénérait à l'égal d'une mère. Après lui avoir donné pendant quelque temps les soins les plus empressés dans des alternatives de crainte et d'espérance, elle reçut dans des sentiments de douleur et d'admiration le dernier soupir d'une âme si belle et si sainte. Rien n'est plus touchant que les accents émus de la correspondance de la R. M. Rosalie avec la vénérée Mère fondatrice en cette circonstance douloureuse, rien n'est plus déchirant que les angoisses du cœur si sensible, quoique si fort, de la Révérende Mère fondatrice, qui avait toujours espéré que cette grande douleur lui serait épargnée !

Cette souffrance, si pénible qu'elle fût, était cependant toute pleine de consolation et d'espérance surnaturelles ; mais une autre épreuve bien plus dure et bien plus amère acheva de briser le cœur de la vénérée fondatrice, déjà si profondément atteint.

Jusque-là elle avait trouvé dans le préfet apostolique et dans le clergé de la Guyane un soutien et un appui qui ne lui avaient jamais fait défaut ; mais alors une influence puissante, quoique étrangère à la Guyane, fit changer ces bonnes dispositions. et la Révérende Mère rencontra bientôt, de la part de ceux-là mêmes qui, par leurs fonctions, étaient appelés à partager sa mission et à concourir au bien spirituel de son œuvre, une opposition qui fut pour elle un surcroît de tribulations. Les choses en vinrent à ce point qu'on put croire que l'hostilité de l'évêque d'Autun et de quelques autres évêques de France, influencés par lui, se faisait sentir jusqu'à Mana. Le préfet apostolique ne craignit pas de refuser les sacrements à la vénérée Mère, et cette douloureuse interdiction fut maintenue jusqu'à son retour en France. C'était là assurément le comble de l'épreuve. A partir de ce moment, il ne lui fut plus possible de se confesser ni de communier, pas même au moment de prendre de nouveau la mer pour rentrer en Europe ; tous les prêtres avaient reçu le mot d'ordre, partout où elle se présentait elle était durement repoussée, et quelquefois même de façon à provoquer le scandale. Il ne nous appartient pas de nous prononcer sur la conduite que l'autorité ecclésiastique crut alors devoir tenir ; nous préférons imiter la réserve, la patience et la charité de la vénérée Mère, qui ne se démentirent pas un seul instant durant cette longue épreuve. C'est, à notre humble avis, un des plus remarquables épisodes de sa vie, où elle donna un magnifique exemple de vertus pratiquées vraiment à un degré héroïque. Si la grande âme de la vénérée fondatrice ne fut pas abattue par l'adversité, ce n'est pas sans doute qu'elle ne souffrît cruellement. « Que j'ai eu de peine, disait-elle, à supporter l'outrage des lettres du clergé de Cayenne et du préfet apostolique ! » Mais aussitôt, retrempant son courage, elle s'humiliait sous la main de Dieu et s'inclinait amoureusement et avec joie devant l'expression de sa sainte volonté. « Mon âme est calme et tranquille. Oh ! quelle paix on goûte dans l'adversité, dans les contradictions, et que l'on est heureux quand on ne veut que l'accomplissement de la volonté divine ! Je ne dois pas porter mes désirs loin de la croix, puisque le Seigneur veut que je reste à ses pieds... Il me fait la grâce de supporter avec courage, et je dois dire même avec joie, les afflictions dont je suis enveloppée... Ainsi soyez tranquilles pour

moi, et dites à nos amis que je suis heureuse, quoique
sur la croix ! »

Cependant toutes ses filles de France employaient
les supplications pour l'engager à revenir ; elle-même
sentait la nécessité de son retour, mais elle ne pouvait se décider à rompre les liens qui l'enchaînaient
à Mana ! Enfin, cédant à ce qui paraissait être la
volonté de Dieu, elle laissa à la Mère Isabelle, son
assistante, le soin de sa jeune colonie, et s'éloigna de
Mana le 8 mai 1843. Cette date est demeurée comme
un jour de deuil pour les habitants de Mana, qui ne
pouvaient se faire à l'idée de perdre leur mère. Tous
voulurent l'accompagner jusqu'à la mer. Là se firent
les plus émouvants et les plus tendres adieux au
milieu des pleurs, des sanglots et des cris de désolation. Les témoignages de cette douleur profonde
auraient suffi à eux seuls, il nous semble, à prouver
les admirables résultats de l'œuvre civilisatrice de la
vénérée Mère. Ce n'était pas une foule d'esclaves qui
voient s'éloigner leur maître, ce n'étaient pas même
des sujets respectueux rendant hommage à leur prince
qui les quitte, c'était une vraie famille qui perdait
son chef vénéré. La conception la plus haute et la
plus parfaite de la société n'avait-elle pas bien pris
possession de l'intelligence et des cœurs de ces
hommes, hier encore barbares, ignorants et grossiers,
et ce beau résultat obtenu par la Révérende Mère ne
faisait-il pas honneur à ses patients efforts ?

Avant de rentrer en France à la suite de la vénérée
fondatrice, il est bon de donner brièvement l'épilogue
de l'entreprise de Mana. Malgré l'absence de la Mère
Javouhey, ses laborieux travaux portèrent leurs fruits ;
son souvenir resta toujours une grande force morale
auprès des Noirs ; la Mère Isabelle n'eut qu'à suivre
avec une scrupuleuse exactitude (et ce fut là sans
aucun doute un grand mérite) le plan et les instructions de celle qui avait si heureusement organisé

toutes choses, et à qui elle était à tous points de vue très digne de succéder. Mais les administrateurs civils, les plus bienveillants même, tout en constatant les succès obtenus, semblaient presque faire cause commune avec les ennemis du système de colonisation de la vénérée Mère, et comme eux, quoique pour de tout autres raisons, réclamaient hautement pour Mana l'émancipation complète et définitive, c'est-à-dire sa reconnaissance comme bourg libre et en conséquence sa rentrée, sous le rapport civil, administratif et commercial, dans les règles du droit commun. Le gouverneur de la Guyane comprenait cependant que cette transformation ne pouvait s'opérer brusquement, et que l'on avait encore besoin du concours de la congrégation. C'était aussi l'avis du ministre de la marine, l'amiral de Mackau, qui écrivait directement à la Révérende Mère fondatrice le 13 février 1846 : « Il n'entre nullement dans la pensée de mon département de soustraire la jeune population de Mana à l'action tutélaire et bienfaisante de la congrégation. Mon désir est au contraire qu'elle y poursuive son œuvre morale et religieuse, et je serais heureux de recevoir de vous l'assurance que vous acceptez avec persévérance et confiance la continuation de cette œuvre, qui conserve pour le gouvernement la plus haute importance. »

Les autres ministres tenaient le même langage. Il est inutile de dire que la Révérende Mère promit de continuer son concours avec le plus entier dévouement et le plus complet désintéressement. Enfin, après de longs pourparlers, le gouvernement se rendit aux instances du conseil colonial, la remise de Mana au droit commun fut décidée, et l'année 1846 se passa tout entière, pour la Mère Isabelle et pour l'administration civile de la Guyane, à préparer la transition au nouveau régime, qui devait être inauguré le 1er janvier 1847.

La population de Mana salua avec enthousiasme

l'émancipation de la colonie ; dans leur inexpérience, les pauvres Noirs pensaient que, n'étant plus en tutelle, tout irait au gré de leurs désirs... Une année suffit pour les désabuser et leur faire voir que, sous bien des rapports, ils avaient perdu au change. Ils se révoltèrent, mais heureusement l'émeute n'eut pas de suites : les sœurs étaient là, et l'influence de la Mère Isabelle ne fut pas étrangère au rétablissement de l'ordre et à l'apaisement des esprits. Ce petit incident prouva à tous que l'amiral de Mackau avait été bien inspiré en demandant à la R. M. Fondatrice de vouloir bien continuer, à Mana libéré, l'action bienfaisante des œuvres dont elle avait pris l'initative. Du reste, en mainte autre circonstance, on put constater que,. pour tous les Noirs de Mana, le principe d'autorité et de puissance était personnifié dans la *Chère Mère*. Tout en cultivant paisiblement les terres qu'elle-même leur avait partagées, ils lui conservaient toujours avec vénération leur souvenir, leur respect, on peut même dire leur culte. La fidélité de leurs sentiments était inaltérable et se traduisait de mille façons touchantes.

En 1848, lorque la nouvelle de la révolution de février leur parvint, ils crurent qu'ils allaient faire un pas de plus dans la liberté et qu'ils étaient à jamais délivrés de toute oppression ; ils voulurent donc célébrer ce grand fait avec toute la solennité possible et firent un banquet auquel assistèrent le commandant et les hauts fonctionnaires. A la fin du repas un des Noirs porta un toast, mais quelle ne fut pas la stupéfaction des Européens en l'entendant porter à la santé de la R. M. Javouhey : « *Vive notre Chère Mère Générale ! longues années pour elle !* » Et tous les Noirs de se lever et de répéter frénétiquement le *vivat*. Le commandant et les autres fonctionnaires et officiers, quelque peu embarrassés, firent de même ; c'est ainsi que fut célébrée à Mana la nouvelle ère de la liberté républicaine de 1848 ! A quelque temps de là, inquiétés par l'administration coloniale, toujours dans le même sentiment de vénération et de confiance, ils firent appel à la *Chère Mère,* lui écrivirent, et implorèrent son arbitrage. Ils ne pouvaient comprendre que l'autorité civile ne s'inclinât pas devant ses décisions, qui à leurs yeux devaient avoir force de loi.

Il faut nous borner ; mais notons encore que ces dispositions de filiale confiance se manifestèrent de nouveau, lorsque la République de 1848 les appela pour la première fois, comme citoyens libres, à se choisir par vote un représentant à la Constituante. Quand on voulut savoir d'eux à qui ils confieraient leur mandat, ils répondirent que tous donneraient leurs voix à la *Chère Mère*. Vainement on essaya de faire leur éducation politique, ils maintinrent leur choix ; et lorsqu'on fut parvenu à leur faire entendre que l'élection de la R. M. Javouhey était impossible, ils s'écrièrent : « Si nous ne pouvons pas nommer la *Chère Mère*, qu'on désigne qui on voudra, cela nous est indifférent, nous n'y prenons plus aucun intérêt » ; et ils laissèrent faire.

Un demi-siècle a passé sur l'œuvre de la vénérée Mère à Mana, et Mana est resté un lieu privilégié, Mana est demeuré profondément attaché à la foi que la *Chère Mère* a su y implanter malgré les efforts des méchants ! Ce qu'on y retrouve encore maintenant, c'est ce que la R. M. Javouhey y a mis ; on reconnaît toujours sur quels fondements cet édifice a été assis ; on pourra peut-être dans l'avenir oublier ou méconnaître la main qui l'a élevé ; mais le Seigneur a vu tout ce que son humble servante y a consacré de peines, d'efforts et de sacrifices, et, sans aucun doute, Il lui en a tenu compte au jour où Il lui a donné l'éternelle récompense.

CHAPITRE XI

**Visite des maisons de France.
Épreuves de la maison de Paris. — Nouvelles fondations
importantes en France et aux colonies.**

———

La vénérée Mère Fondatrice arriva à Bordeaux
dans les premiers jours d'août 1843. Elle était épuisée ;
aussi, après quelques jours d'un repos nécessaire, elle
se rendit à Paris, où l'on était si impatient de la revoir.
Elle expédia promptement quelques visites d'affaires,
et se hâta d'aller à Fontainebleau faire une retraite,
sous la direction du vicaire général de Meaux, afin
de retremper son âme cruellement éprouvée par deux
années de si dures privations. Peu après, elle alla
visiter Cluny, où elle goûta l'immense consolation de
voir réunies autour d'elle près de deux cents religieuses
ou novices, toutes pleines de ferveur, contentes et
joyeuses au service de Dieu, et remplies du désir de
la dédommager de toutes ses épreuves passées. Après
s'être agenouillée une dernière fois sur la tombe de
sa vénérée sœur, la Mère Marie-Thérèse, elle rentra à
Paris. On imagine aisément l'accueil plein de filial
respect, de vénération et d'amour que lui firent partout ses filles : c'était de toutes parts comme une
renaissance joyeuse de l'Institut. Du reste, cette
joie était bien vivement partagée par les nombreux
amis de la Révérende Mère, qui, eux aussi, avaient
appelé de tous leurs vœux sa rentrée en France. Non
seulement les membres les plus éminents du clergé,
des évêques même la comblaient d'attentions et de
marques d'estime, mais encore de grands personnages
et de hauts fonctionnaires lui rendaient hommage

pour tout le bien qu'elle avait fait et les grands travaux qu'elle avait si vaillamment entrepris et menés à heureuse fin. Il n'y eut pas jusqu'à la reine Marie-Amélie elle-même qui ne tînt à la voir à plusieurs reprises.

Bien loin que ce concert d'éloges enthousiastes et ces démonstrations bienveillantes lui fissent oublier Mana et l'obscurité de ses travaux d'outre-mer, ils le lui rappelaient sans cesse au contraire et le lui faisaient amèrement regretter ; aussi, fatiguée du bruit qui se faisait autour de son nom, elle écrivait : « Je regrette souvent les doux moments de retraite que j'ai passés à Mana. J'y avais des peines, je pleurais quelquefois ; mais que de consolations intérieures je goûtais ! J'étais autrement heureuse dans le silence de ma solitude. Les injures que je recevais me faisaient plus de bien qu'aujourd'hui les compliments dont on m'accable. J'en suis dans la confusion, mais à Dieu seul en soit toute la gloire ! »

Dès que ses affaires lui laissèrent quelques loisirs, la Révérende Mère, sans perdre de temps, partit pour le Midi, où sa visite était vivement attendue dans ses différentes maisons. A Limoux, on l'accueillit avec enthousiasme et son arrivée fut un véritable événement ; elle fut très satisfaite de voir l'ordre, la régularité et le bon esprit qui régnaient dans ce vaste établissement, si bien gouverné par la R. M. Clotilde. Elle approuva toutes les améliorations et les développements qu'on avait donnés à la maison et se hâta de rentrer à Paris, après avoir visité le digne évêque de Carcassonne, qui la reçut avec la plus grande considération.

Après les premiers soins donnés à la visite des communautés qui désiraient la voir et la posséder, la Révérende Mère voulut se rendre un compte exact de la situation de l'institut. A ne le considérer qu'au seul point de vue du développement, elle n'eut qu'à remercier Dieu des heureux accroissements qu'il lui avait permis de prendre. Au point de vue du nombre des maisons, elle le trouva, il est vrai, à peu près stationnaire en France, et, sauf la maison de Compiègne, qui avait pris naissance en 1838, aucune autre fondation ne s'était faite pendant son absence. Mais il n'en était pas de même pour les pays d'outre-mer, où la congrégation avait pris en certains lieux une grande extension, comme nous le verrons bientôt.

Cependant, quelque vive consolation que fît naître en son cœur la vue du bon état de son institut, la Révérende Mère fondatrice ne pouvait oublier l'étrange situation qui lui était faite à Autun et à Paris ; elle comprenait l'importance et même la nécessité d'y apporter un prompt remède, et tout aussitôt elle s'efforça de commencer la pacification par Paris, où avait été frappé le premier coup contre l'institut, au lendemain même du jour où la vénérée Mère était partie pour Mana, en 1835.

On peut se souvenir de l'opposition que Monseigneur d'Autun avait mise au départ de la Mère fondatrice pour la Guyane, malgré les instances du roi et du ministre, qui la pressaient de se charger personnellement de la grande mission qu'ils lui avaient confiée. Celle-ci, surprise de cette exigence, n'avait pas eu le temps de détourner l'orage et avait dû partir précipitamment sur l'injonction formelle du ministre des affaires ecclésiastiques. Mais, trois jours après son départ de Paris, les menaces de l'autorité diocésaine étaient devenues une triste réalité : M. l'abbé Affre, vicaire général de Mgr de Quélen, qui en toute cette affaire agissait à l'instigation de Monseigneur d'Autun, lança l'interdit sur la chapelle de la rue de Valois et enleva à la communauté tous les privilèges dont elle jouissait depuis un an à peine. Cette douloureuse épreuve avait été supportée avec une religieuse résignation, mais les années s'étaient écoulées sans apporter de changement, et depuis bientôt neuf ans déjà, la maison voyait sa chapelle fermée, tandis que tant d'autres de la capitale avaient des secours spirituels en abondance.

Cet état de choses ne pouvait pas durer, et la Révérende Mère était décidée à tout faire pour obtenir une amélioration ; à cet effet, elle rendit visite au nouvel évêque de Beauvais, Mgr Gignoux, déjà tout dévoué à l'institut ; elle vit aussi le Nonce du Pape, Mgr Fornari, et ces deux prélats lui promirent leur intervention officieuse auprès de l'archevêque de Paris. D'autre part, la vénérée Mère demanda les prières instantes de ses filles : celles-ci s'adressèrent avec tant de ferveur et de foi à saint Joseph, que bientôt, dès le mois d'avril 1844, elle pouvait écrire : « Mgr l'archevêque de Paris nous rend sa bienveillance et toutes les faveurs qui en sont la suite... Nous sommes bien heureuses que saint Joseph ait bien voulu s'en mêler... La chapelle de Paris va être ouverte au premier jour... Comme tout a changé de face pour nous ! Tâchons d'en rapporter toute la gloire à Dieu, qui a voulu nous donner ce moment de repos après tant d'orages ! »

La rentrée en grâce avec le nouvel archevêque de Paris, Mgr Affre, qui avait succédé à Mgr de Quélen, fut comme le signal et le point de départ de l'établissement de plusieurs maisons nouvelles dans son diocèse. Celles-ci furent suivies, durant les années 1845 et 1846, de plusieurs autres fondations, principalement dans les diocèses de Beauvais et de Meaux. Du reste, la vénérée Mère comprenait fort bien toute l'importance de l'enseignement religieux de la jeunesse en France, car, quelque nombreux que fussent les moyens d'enseignement, ils étaient de beaucoup inférieurs aux besoins des populations ; aussi elle était occupée de réaliser, sous ce rapport, tout le bien qu'il serait en son pouvoir de faire par la solide éducation chrétienne que ses filles savaient donner. Elle s'employa donc à développer et à multiplier des établissements qui, sous les diverses formes de pensionnats, d'écoles ou d'orphelinats, suivant les circonstances et les milieux, lui paraissaient les plus propres à servir ses desseins.

Pour commencer, on ouvrit de petites écoles pour les enfants pauvres à Paris même, sur la paroisse de Saint-Merry, puis une autre maison d'éducation à Créteil, dans la banlieue, et enfin un troisième établissement à Maisons-Alfort, aux portes de la capitale. Celui-ci, placé sous la protection de saint Martin et inauguré le jour même de la fête du saint thaumaturge (11 novembre 1844), fut entouré dès ses débuts de l'intérêt et de la tendre sollicitude de la vénérée Mère ; il se développa heureusement et dépassa de beaucoup les espérances qu'elle avait pu concevoir pour son avenir.

Le diocèse de Meaux connaissait déjà le dévouement des sœurs de Saint-Joseph ; à cette époque une nouvelle maison fut fondée à Brie-Comte-Robert, sur les instances du curé, qui réclamait ce secours pour l'éducation des enfants ; puis l'évêque de Meaux lui-même, le vénérable Mgr Allou, fit appel au zèle de la vénérée Mère pour sa ville épiscopale ; sur sa demande elle s'empressa d'y ouvrir un pensionnat, en attendant qu'un externat et un orphelinat de jeunes filles vinssent compléter la fondation et répondre à ses ardents désirs d'embrasser toutes les classes de la société dans l'étreinte de sa charité.

Le diocèse de Beauvais fut encore plus favorisé : en cette même année 1844, la Révérende Mère envoya plusieurs sœurs pour commencer à Estrées-Saint-Denis un petit pensionnat, augmenté plus tard d'un externat ; elle fit de même pour Chantilly en 1845 ; et quelques mois après, elle accepta la direction d'une colonie agricole fondée au Mesnil-Saint-Firmin, pour de jeunes orphelines, par un excellent et riche industriel du pays, M. Bazin. Telle était l'affection que la Révérende Mère portait à cette maison, à raison de sa pauvreté et de sa belle destination, qu'elle écrivait ces paroles bien consolantes pour celles de ses filles qui se dévouent à cette œuvre toute de zèle et de charité : « C'est là que je veux renouveler ma jeunesse ; c'est là que je trouverai ma première ferveur ; c'est là que je serai contente de mourir. »

A peu près dans le même temps s'ouvrit la maison de Beauvais : elle eut des débuts bien pauvres et bien humbles et dut au commencement lutter contre de grandes difficultés ; mais, grâce aux bénédictions divines, elle devint, sous la prudente et ferme direction de la Mère Sainte-Marie, un des établissements les plus importants de la congrégation.

Enfin le grand dévouement de la Révérende Mère lui fit accepter encore, en 1845, à Alençon, la direction d'un pensionnat et d'un orphelinat dont la situation était des plus précaires : elle accueillit même dans l'institut quelques-unes des dignes religieuses Ursulines qui, faute de ressources, ne pouvaient plus soutenir ces œuvres jadis florissantes. Elle rendit le même service à la petite communauté des sœurs de Nazareth qui desservaient l'orphelinat de Mesnières-en-Bray ; elles furent recueillies avec la plus délicate charité et bientôt incorporées à la congrégation. Dieu récompensa le dévouement de la vénérée Mère par les bénédictions qu'il se plut à répandre sur les œuvres qu'elle avait ainsi adoptées dans leur détresse.

De toutes parts on continuait à faire appel au dévouement de la vénérée Mère, dont le nom semblait alors personnifier en quelque sorte la charité et le zèle pour la gloire de Dieu et le bien des âmes. Mais elle ne pouvait plus suffire à soutenir tant d'œuvres diverses, et elle prit le parti énergique de se borner désormais à développer et à améliorer ses maisons de France plutôt que d'en augmenter le nombre. Toutefois, elle dut, par la suite, manquer plus d'une fois à ses résolutions, en face surtout de certains besoins et de sollicitations plus pressantes ; c'est ainsi qu'elle fonda encore quelques petits établissements dans les départements de Seine-et-Marne et de l'Oise, en particulier à Tournon et à Creil, près Senlis ; ces deux maisons, avec le temps, prirent quelques développements.

Le long séjour de la Révérende Mère à Mana ne lui avait pas fait oublier les autres colonies : pendant son absence elle avait suivi d'un œil attentif les divers établissements d'outre-mer, et, de concert avec ses sœurs de France, elle avait pourvu à leur développement, en attendant que son retour la mît à même de donner libre cours à son zèle apostolique et d'entreprendre de nouveaux travaux qui seront l'objet des sollicitudes de ses dernières années.

Pour la première fois en 1836, l'institut avait pris pied dans une colonie étrangère, à l'île de la Trinidad, ancienne possession espagnole, devenue anglaise depuis 1810. La Révérende Mère s'était rendue volontiers aux instances de Mgr Mac-Donnel, l'évêque de l'île, qui voulait lutter contre l'ignorance des indigènes et la propagande protestante, et donner aux catholiques tous les moyens de se maintenir dans la foi. L'établissement de la Trinidad prospéra rapidement, il devint le centre d'œuvres nombreuses et fécondes et donna même naissance à une petite branche de religieuses indigènes de couleur ; celle-ci, après quelques années d'essais, revint s'incorporer à l'institut qui avait voulu lui donner d'abord une existence propre.

Dans les colonies françaises, la mission de la congrégation de Saint-Joseph de Cluny commençait à s'étendre et à se dessiner de plus en plus nettement. En 1840, le gouvernement, encouragé par la bonne marche que prenait alors l'essai de la colonisation de Mana, et désireux de préparer de longue main la transformation sociale de la population noire de nos colonies, s'adressa de nouveau à la Révérende Mère pour la prier d'augmenter le personnel des sœurs, surtout dans les grandes colonies, afin qu'elles pussent s'y dévouer à l'éducation des enfants de la classe noire et de couleur, qui jusque-là avaient été privés de toute culture intellectuelle et morale. L'appel fut entendu, et bientôt, à la Guadeloupe comme à la Martinique, les sœurs ouvrirent des écoles primaires. Sans se laisser impressionner par les préjugés de la classe dominante, qui ne concevait pas que l'on pût s'occuper avec tant de soin des Noirs, elles se livrèrent à leurs humbles fonctions avec d'autant plus de charité et d'abnégation, qu'il en rejaillissait sur elles une certaine défaveur. C'était, comme on le voit, un noble apostolat à exercer en faveur d'une race qui avait toujours vécu jusque-là dans l'ignorance et l'abjection.

En dehors de l'instruction et de l'éducation des enfants, les sœurs comprirent qu'elles devaient entreprendre des œuvres de persévérance pour les jeunes filles et même étendre leur action, selon les circonstances, jusqu'aux femmes adultes, qu'elles réunissaient à certains jours pour les instruire, les préparer à recevoir les sacrements et les maintenir dans leurs bonnes dispositions.

Assurément ce dévouement à la race noire répondait bien aux desseins de Dieu sur l'institut, et les sœurs, en s'y livrant avec tant de zèle, demeuraient fidèles à leur vocation ; du reste, la Révérende Mère à Mana donnait un exemple qui partout était suivi avec ardeur, à Bourbon comme aux Antilles, et au Sénégal comme dans la Guyane ; aussi la R. M. Rosalie pouvait-elle écrire : « Le bien se fait parmi nous : les pauvres Noirs sont évangélisés, et ils deviennent partout l'objet de nos soins. Dieu est servi avec ferveur dans la congrégation ! »

Il n'était pas jusqu'à l'Océanie où l'institut ne commençât à pénétrer à la suite des missionnaires catholiques qui inauguraient leur apostolat parmi quelques-unes des peuplades sauvages de la Polynésie. Les premières sœurs parties en 1843 étaient destinées aux îles Marquises, mais de fait elles furent installées à Taïti, où elles durent faire, dans la pauvreté et les plus dures privations et au milieu de périls sans cesse renaissants, le dur apprentissage de leur vie apostolique. La vénérée Mère, comprenant la pénible situation qui attendait ses filles, s'empressa après son retour en France de leur adresser ses encouragements et ses conseils :

« Je suis arrivée un mois après votre départ. Combien j'ai regretté de ne pas vous avoir vues pour vous encourager dans votre noble mission ! Je vous admire, mes enfants : j'envie votre bonheur ; que ne puis-je aller partager vos travaux ! Mais, en comprenez-vous bien toute l'étendue, toute la grandeur et l'importance ? Quoi ! de simples femmes, appelées à prêcher par leurs exemples et leur charité, à aider de pieux apôtres à faire connaître Dieu dans des pays sauvages où le démon a régné si longtemps en maître ! Prenez bien garde de traiter légèrement une aussi grande entreprise. Humiliez-vous souvent en reconnaissant votre incapacité ; puis mettez toute votre confiance en Dieu et comptez sur son assistance, qui ne vous manquera jamais si vous ne cessez de la lui demander. Ne vous troublez pas, n'ayez aucun chagrin : Dieu est avec vous ; mais tenez-vous toujours en sa sainte présence... Allons, mes bien chères filles, profitez de toutes les circonstances pour vous avancer dans la carrière des saints. »

La Révérende Mère, voyant ses chères filles si loin de la France, isolées et perdues, pour ainsi dire, dans les archipels du Pacifique, redoublait de sollicitudes et de maternelle tendresse à leur égard ; elle usait même de sages remontrances afin de prémunir la petite communauté contre tous les écueils et de resserrer entre ses membres les liens de la charité fraternelle. Sa correspondance, à cette époque, est pleine de ces enseignements, qui, après un demi-siècle, n'ont rien perdu de leur fraîcheur et de leur actualité.

Une fois que la Révérende Mère eut repris la direction des affaires, elle continua l'impulsion donnée aux fondations dans les contrées lointaines. Non seulement elle augmenta les établissements dans les colonies qui en possédaient déjà, mais elle envoya des essaims dans celles qui n'en avaient pas encore reçu. C'est ainsi qu'en 1845, elle chargeait la maison de Pondichéry d'établir quelques sœurs à Karikal, sur la côte de Coromandel, afin d'instruire et de former à la vie chrétienne les jeunes filles du pays, dont plusieurs sortaient à peine du paganisme. Celles-ci répondirent si bien au dévouement des sœurs et marchèrent si docilement dans la voie qui leur était tracée, que beaucoup d'entre elles s'élevèrent à une vertu peu commune et même donnèrent des indices de vocation religieuse. Ces germes cultivés avec soin se développèrent, et bientôt la maison de Karikal, encouragée par le vicaire apostolique de Pondichéry, Mgr Bounand, put ouvrir un noviciat spécial de religieuses indigènes malabaresses, qui devait dans l'avenir réaliser pleinement les espérances et les prévisions de la vénérée Mère ; celle-ci, envoyant de nouvelles sœurs pour commencer cette œuvre, écrivait à la supérieure de Pondichéry : « J'espère que vous devez être contente du petit noyau de Karikal. Il sera la souche d'un grand arbre, qui produira de bons fruits pour la gloire de Dieu et le salut des âmes. »

Vers la même époque, en 1846, la congrégation fut introduite dans deux possessions françaises de la mer des Indes : l'île Mayotte, l'une des Comores, et l'île Sainte-Marie, qui n'est séparée de Madagascar que par un étroit canal. La Révérende Mère, en faisant ces nouvelles fondations, avait cédé aux instantes demandes d'un saint missionnaire, M. Dalmond, dont le zèle admirable avait pour objectif l'évangélisation de la grande île de Madagascar, jusque-là fermée obstinément aux lumières de la foi. La mission des sœurs devait être de donner leurs soins aux malades et d'attirer doucement à elles, par leur bonté et leur charité, les petites filles malgaches, encore à l'état sauvage. Toutes se montrèrent si parfaitement dévouées, que le vénérable M. Dalmond leur écrivait : « A la bonne heure, mes chères sœurs! je vous reconnais maintenant pour mes vraies et dignes filles, puisque vous voulez partager mes sacrifices et m'aider à sauver des âmes, sans chercher vos propres aises et consolations journalières. Vous voulez vous nourrir, non plus du lait des enfants, mais de la nourriture des forts, qui est l'abnégation complète de soi-même. J'en suis au comble de la joie; je pars content en pensant que vous êtes contentes vous-mêmes. »

Peu après, le dévoué et ardent missionnaire tombait sur la brèche, consumé par son zèle : il mourait à l'île Sainte-Marie, en face de Madagascar, comme autrefois saint François-Xavier en face de la Chine, entouré de celles qu'il appelait ses « vraies filles » et qui étaient seules pour recueillir son dernier soupir. Sa mort fut accompagnée de circonstances très remarquables, comme le rapporte le R. P. de la Vaissière dans son Histoire de Madagascar : elle fut pleurée par les païens comme par les chrétiens, qui tous le considéraient comme un saint. Mais la mission de Madagascar, qui perdait en lui un ardent apôtre, gagnait un puissant intercesseur près de Dieu : aussi ses progrès ne furent point entravés, au contraire. Les sœurs s'établirent bientôt à l'île Nossi-Bé, et s'y livrèrent avec un grand zèle à l'éducation des jeunes Malgaches : les résultats de leurs efforts furent remarquables ; elles préparèrent d'excellents éléments pour aider à la conversion de la grande île, dont l'entrée était toujours l'objet de leurs désirs et de leurs prières.

Elles n'avaient, du reste, qu'à marcher dans la voie tracée par leurs admirables devancières : à l'île Sainte-Marie, la Mère Claire, celle-là même qui venait de fermer les yeux à M. Dalmond ; et à Mayotte, la Mère Alphonse, qui devait plus tard inaugurer la mission de Madagascar, où elle est morte il y a peu d'années, laissant après elle une juste réputation qui la fit nommer *la sœur Rosalie de Tamatave*. Ces dignes filles de la vénérée Mère Javouhey travaillaient alors avec une mâle énergie et une courageuse persévérance à étendre le règne de Notre-Seigneur dans leurs îles, qui étaient comme les avant-postes au moyen desquels elles allaient bientôt pénétrer, à la suite des Jésuites, dans la grande île de Madagascar, accomplissant ainsi à la lettre ce que leur vénérée Mère écrivait longtemps avant : « J'espère, oui, j'espère que le bon Dieu emploiera les sœurs de Saint-Joseph pour la civilisation chrétienne de Madagascar ; mais il faut agir pour cela avec prudence et persévérance. »

Pour compléter la nomenclature des œuvres apostoliques de la vénérée Mère, nous devons mentionner aussi l'essai de fondation aux îles Marquises, qui, projeté en 1843, ne fut réalisé qu'en 1847. Deux sœurs de Taïti furent envoyées vers ces plages inhospitalières ; elles y demeurèrent deux années seulement, pendant lesquelles leurs efforts furent à peu près stériles, tandis que leur vie ne fut pas sans danger, car elles faillirent plusieurs fois être mangées par les sauvages cannibales. Toutefois leur retour ne fut que passager, et, quelques années après, la fondation fut reprise et menée à bon terme.

Cette noble et grande œuvre des missions était si

chère à la R. Mère Javouhey, qu'aucun sacrifice ne lui coûtait pour assurer son développement et sa prospérité ; et elle estimait tellement pour sa congrégation la faveur d'y être employée, qu'elle écrivait à l'une de ses filles : « Priez le bon Dieu qu'il nous donne à toutes l'esprit apostolique. Si vous saviez le bien que nos chères Sœurs font parmi les sauvages ! Les Pères nous disent que sans les religieuses les missions languissent... Mais il faut des vocations robustes ; ne nous envoyez que de celles-là. »

Il n'est point inutile de remarquer que les différentes contrées où la vénérée Mère venait de fonder tant d'établissements nouveaux, durant cette dernière période, n'étaient pas riches et prospères comme les anciennes colonies ; c'étaient des pays obscurs, ignorés, non encore civilisés, et peuplés par des habitants sauvages, parfois même dangereux. C'était, du reste, pour la vénérée fondatrice, une raison de s'y attacher d'autant plus, car pour elle il n'y avait point de distinction de races, si ce n'est qu'elle se portait de préférence vers les plus abandonnées et les plus malheureuses, vers celles surtout qui étaient privées des lumières de la foi. Pendant de longues années, elle se dévoua elle-même, avec une admirable abnégation, aux Noirs du Sénégal et de la Guyane, et, de retour en France, ses dernières années furent occupées à diriger et à consolider son œuvre et à l'étendre encore par les nouvelles fondations que nous venons de rapporter brièvement, donnant ainsi un nouvel aliment à la vie apostolique de sa congrégation, et réalisant à la lettre, sans probablement y prendre garde et y prêter attention, cette vision dont elle fut favorisée à Besançon en 1800, où il lui fut montré des enfants de couleurs diverses que sainte Thérèse lui présentait et confiait en quelque sorte à sa maternelle sollicitude en lui disant : *Ce sont là les enfants que Dieu te donne.*

CHAPITRE XII

**Crise de la maison de Cluny. — Noviciat à Paris.
Mort de la Mère Clotilde.**

Avant de poursuivre le récit des derniers travaux
et des dernières épreuves de la vénérée Mère Javouhey, il est nécessaire de revenir quelque peu en
arrière. Plusieurs fois déjà, dans le cours de cette
notice, nous avons dû parler des difficultés avec
l'évêque d'Autun et des fâcheuses conséquences qui
en avaient été la suite. En 1844, malgré la détente qui
s'était produite à Paris, au mois d'avril, avec Mgr Affre,
qui, jusque-là, avait cru devoir marcher d'accord
avec Mgr d'Héricourt, la situation demeurait toujours
fort critique, spécialement à Cluny. Un malaise général et certains indices de mauvais augure pouvaient
faire prévoir et redouter une crise. En effet, malgré
des alternatives de paix relative et de tranquillité
apparente, sinon de bienveillance absolue, Mgr l'évêque d'Autun ne semblait pas disposé à abandonner
aucune de ses prétentions sur la conduite générale
de l'institut, et il était d'autant plus ferme dans sa
volonté, qu'au fond ses intentions étaient droites
et qu'il croyait agir pour le plus grand bien de tous.
Déjà plusieurs tentatives de conciliation avaient
échoué, et on pouvait redouter des mesures plus
graves encore que celles qui avaient été prises jusqu'alors; la vénérée Mère était inquiète et pressentait
un orage, aussi elle priait et faisait prier ses filles.
Une année se passa dans l'anxiété. Enfin, au mois
d'août 1845, le péril parut à son comble, et l'orage

éclata plus soudain et plus terrible qu'on n'eût pu le prévoir la maison-mère, à Cluny, vit sa chapelle interdite ; son noviciat, le seul qui existât en 1845, frappé et dispersé, et même des tentatives de schisme essayées dans quelques maisons du diocèse. Ce ne fut pas tout : le contre-coup de ce qui se passait à Cluny se fit sentir à Paris, où, malgré la paix de l'année précédente, la communauté vit de nouveau sa chapelle fermée et fut soumise à de grandes et douloureuses privations spirituelles. La situation était fort grave, et l'œuvre de la vénérée Mère, laborieusement et péniblement édifiée par quarante années d'efforts et de sacrifices, semblait sérieusement menacée. Il y avait de quoi déconcerter et abattre une âme moins solidement trempée que celle de la Mère Javouhey ; mais elle était trop pleine de foi et de confiance en Dieu, et en même temps trop disposée à accomplir fidèlement la volonté de Dieu quelle qu'elle fût, pour se laisser troubler par ces pénibles épreuves.

Dès que s'annoncèrent les signes précurseurs de l'orage, sans se permettre une plainte, sans perdre son temps en de vaines paroles, elle se rendit à Cluny, où il n'y avait que trouble et désolation, et où les âmes semblaient ployer sous le poids de l'épreuve. Elle parut d'abord au noviciat, dans le sein duquel avaient pénétré quelques germes de découragement. Sa parole ferme et pleine d'esprit de foi raffermit bientôt les jeunes esprits ébranlés. La Révérende Mère n'eut pas un moindre succès à la communauté, où, suivant le récit d'une contemporaine, « elle parut comme une personne inspirée » ; ses conseils, son humble patience, sa modération, produisirent une grande impression.

« Souvenez-vous, mes chères filles, leur dit-elle, que les œuvres de Dieu ont toujours rencontré des contradictions ; elles n'ont pas été épargnées aux saints. Courage donc et confiance en la divine Providence, qui nous viendra en aide si nous savons le mériter. Vivons en bonnes religieuses et puis demeurons tranquilles; vous verrez que le calme, la sécurité, reviendront parmi nous. Pour moi, je suis persuadée que si nous ne voulons que le bien, que si nous ne cherchons que la gloire de Dieu, nous sortirons heureusement de cette épreuve. *Mais souvenez-vous de ne juger et de ne blâmer personne.* A Dieu seul appartient le jugement. Humilions-nous beaucoup, mais ne craignons rien. Si la congrégation est l'œuvre de Dieu, comme je le crois, il ne nous abandonnera pas. Si le bon Dieu veut nous châtier, abaissons-nous sous sa main paternelle; si c'est une épreuve, souffrons-la avec patience. Je vous le répète, confiance et courage; et vous verrez que Dieu ne manquera pas de nous envoyer son secours. »

Toute sa correspondance de cette époque tourmentée témoigne de ses religieuses dispositions. Les sentiments de soumission, d'humilité, de paix et d'abandon au bon plaisir de Dieu qui nous ont tant de fois édifiés dans le cours de sa vie, s'y révèlent à chaque page et montrent que ses pensées et ses aspirations dépassaient de bien loin toutes les considérations humaines et les intérêts terrestres auxquels tant d'autres semblaient s'arrêter. Aussi, quoique l'avenir de l'institut devînt de plus en plus sombre et que l'orage se montrât toujours plus menaçant, la Révérende Mère demeurait ferme dans son espoir et sa confiance : la raison en était qu'elle demeurait absolument convaincue que le fait de l'établissement de l'institut *était bien l'œuvre de Dieu*, comme elle le répétait sans cesse avec un profond sentiment d'humilité et de reconnaissance pour les marques sensibles de protection qu'elle avait reçues.

Son attente ne fut pas trompée : après six mois d'angoisses, Dieu voulut récompenser la foi et le courage de sa servante ; une détente inespérée se produisit, et Cluny, d'où était parti le premier signal de la tempête, rentra le premier dans la tranquillité et la paix. Le 10 janvier 1846, la chapelle de la communauté fut rouverte, et Notre-Seigneur y reprit possession de son tabernacle ; le noviciat, qui avait été dispersé, se reforma au lieu même d'où il avait été obligé de fuir. A Paris, le 12, la communauté recouvra également ses anciens privilèges, et l'action de grâces sortit de tous les cœurs, comprimés depuis trop longtemps par la crainte et la souffrance. Pleine de reconnaissance, la Révérende Mère écrivait : « C'est bien Dieu qui a tout conduit : la surprise du dénouement le montre assez. Pauvres créatures que nous sommes ! pourquoi nous troubler et nous inquiéter, comme si le Seigneur dormait ou comme s'il nous était défendu de crier vers lui ? Allons ! soyons tranquilles et travaillons à faire sa sainte volonté... » Après comme pendant la tourmente, elle conservait les mêmes sentiments de foi, d'humilité et de soumission respectueuse : « Prions toujours beaucoup afin que la sainte volonté de Dieu s'accomplisse, et n'y mettons pas d'obstacles par nos résistances à la grâce ; soyons *humbles et petites,* alors Dieu nous viendra en aide. » — « Oh ! que Dieu est bon ! Il tient le cœur des hommes entre ses mains et le tourne à son gré. On reconnaît enfin que *cette œuvre est bien la sienne ;* je ne suis là que pour montrer qu'elle n'est pas soutenue par l'homme, mais par Lui seul. Je ne désire plus rien que de le glorifier en m'humiliant de plus en plus et en tâchant de lui être fidèle jusqu'à la mort. »

Sans doute, la crise aiguë était passée, mais tout n'était pas fini cependant, car les questions en litige n'avaient point encore été résolues et demeuraient toujours en suspens. La vénérée Mère s'en remettait aux soins de la Providence afin que tout se terminât sans troubles et selon les desseins de Dieu. Pourtant elle songea sérieusement, pour faciliter l'action providentielle, à solliciter du Saint-Siège lui-même la solution de toutes les difficultés pendantes. Il était question alors d'un projet d'établissement dans les États pontificaux, sur les propriétés du prince Borghèse, à deux lieues de Rome, pour l'éducation des jeunes orphelins que l'on destinait aux travaux agricoles ; le Souverain Pontife encourageait et désirait cette fondation : c'était une occasion toute naturelle pour effectuer le voyage de Rome, et la vénérée Mère était bien décidée à en profiter. Le bon évêque de Carcassonne, Mgr de Gualy, l'y encourageait et lui avait même adressé, à la fin de 1847, une lettre où il témoignait de sa haute estime pour la R. Mère fondatrice et pour son institut, et qui devait être pour elle une puissante et pieuse recommandation auprès du cardinal et des prélats qu'elle avait à voir et à entretenir de ses affaires.

Les tristes événements politiques de 1848 et 1849 en France et à Rome l'empêchèrent de réaliser ce projet de voyage. Sans doute, le moment n'était pas encore venu pour la congrégation d'être entièrement dégagée de toutes entraves : la divine Providence voulut du moins donner à la Mère fondatrice la consolation d'être témoin d'une amélioration très sensible dans l'état de la communauté de Paris, où l'autorité ecclésiastique, qui favorisait les vues de Mgr l'évêque d'Autun, lui faisait presque toujours ressentir, quelquefois même assez durement, le contre-coup des griefs et des sévérités de ce prélat contre la maison-mère de Cluny.

Mgr Sibour venait de succéder sur le siège de Paris à Mgr Affre, tué si glorieusement sur les barricades en 1848. Ce nouveau prélat se montra dès le début de son épiscopat très bien disposé pour l'institut et très favorable à ses intérêts : il commença à modifier

la ligne de conduite de ses deux prédécesseurs à l'é-
gard de la R. Mère fondatrice et de ses communautés
du diocèse de Paris, et s'empressa de lui donner
pour supérieur ecclésiastique Mgr Caire, protonotaire
apostolique. Celui-ci comprit le grand dommage causé
à la congrégation par la suppression du noviciat de
Bailleul, consentie par la Révérende Mère pour con-
descendre au désir de Mgr d'Autun et pour témoigner à ce prélat sa déférence et son humble soumission dans tout ce qu'il lui semblait possible de
concéder.

Mgr Caire, aussi intelligent que pieux et zélé pour
le bien, fut vite convaincu que le meilleur moyen de
remédier à cette situation serait d'établir un noviciat
à Paris. Cette solution aurait comblé les vœux les plus
ardents de la vénérée Mère ; mais ce n'était pas
chose faite, car l'unité de noviciat à Cluny était l'un
des points qui faisaient le fond du différend avec
l'évêque d'Autun. Néanmoins le dévoué supérieur,
estimant qu'il était de son devoir de favoriser les
véritables intérèts de l'institut, en dehors de toute
considération de personne, employa toute son autorité et tous ses soins à préparer un résultat si dési-
rable. La communauté seconda ses efforts en recommandant par de ferventes prières cette grave affaire
à saint Joseph et surtout à la sainte Vierge, la patronne et protectrice spéciale de toute les maisons de
probation de la congrégation. Dieu se laissa toucher,
et le dévouement de Mgr Caire ne fut point stérile :
il obtint en effet de Mgr Sibour l'établissement d'un
noviciat à Paris, avec toutes les autorisations nécessaires pour y faire les cérémonies de vêture et de
profession.

Cette concession, aussitôt qu'elle fut connue de
Mgr d'Autun, souleva de vives réclamations et des
protestations énergiques. Ses anciens griefs semblaient se réveiller, et le prélat envoya à Paris son

vicaire général, M. l'abbé Landriot, le futur archevêque de Reims, pour demander raison à la Révérende Mère de ce qui lui semblait être un retour d'hostilité... Mais Mgr Caire était là cette fois pour répondre aux prétentions si peu fondées de Mgr d'Autun, et il le fit d'une façon aussi ferme que sage et mesurée. De plus, le nonce, Mgr Fornari, et Mgr l'archevêque de Paris encouragèrent la Révérende Mère de leur bienveillance et de leurs conseils, et leur précieux appui lui permit de maintenir ses positions et de conserver la possession du privilège du noviciat à Paris dès lors acquis et reconnu. Cette heureuse solution n'était sans doute que provisoire, mais la Providence allait y pourvoir, et le temps n'était plus éloigné où les différents points en litige allaient être définitivement et pacifiquement réglés par le Saint-Siège et dans un sens absolument conforme aux vues et aux désirs de la R. Mère fondatrice. Heureuse du résultat déjà obtenu, elle écrivait à la supérieure de la Guyane : « On croyait votre vieille mère désobéissante, tandis qu'elle ne faisait que la volonté de Dieu, dont les desseins sont souvent impénétrables aux grands et visibles aux petits. »

Au commencement de 1848, la Révérende Mère avait franchi les frontières de Belgique pour y étudier un projet de fondation, lorsque la triste nouvelle de la Révolution de Février vint la surprendre. Aussitôt son parti fut pris, et sans se laisser arrêter par aucune considération de prudence ou de crainte, elle rentra à Paris, où l'émeute était encore dans toute l'exaltation de son triomphe. De là elle surveillait les événements, et tenait d'une main ferme les rênes de la congrégation ; elle multipliait ses lettres pour exhorter, diriger et consoler ses filles, et les exciter à la prière, à la soumission et au courage. Elle-même, malgré les menaces des événements et des terribles journées de juin, demeurait dans le calme et la paix, et rien ne pouvait ébranler ses sentiments de foi et d'inaltérable abandon à la divine Providence.

C'est ce qui paraît bien dans ses lettres. « Ayons confiance et encourageons les âmes pieuses à mettre en Dieu tout leur espoir. Nous sommes à Paris aussi bien qu'on peut l'être quand on se remet entre les mains du divin Maître ; c'est pourquoi les troubles ne nous ôtent rien de notre calme. Laissons les hommes s'agiter, se tourmenter : pour nous, conservons la paix de la bonne conscience... » Toutefois, cette confiance de la Révérende Mère était principalement fondée sur les prières qu'elle ne cessait d'adresser à Dieu, et dont elle avait senti en bien des circonstances toute la puissance et l'efficacité ; elle engageait ses filles à y recourir avec d'autant plus d'ardeur que les périls étaient plus grands. « Prions, ah ! prions sans cesse. Humilions-nous devant Dieu... Nous sommes sur un véritable volcan, mais saint Joseph prie pour notre congrégation : ayons donc confiance... Aimons beaucoup ce grand saint, béni de Dieu et des hommes. C'est à lui que nous devons tous les succès qu'a eus notre institut... C'est lui qui nous protégera... Seulement, promettons-lui de ne chercher jamais que la sainte volonté de Dieu et sa plus grande gloire. »

Cette confiance ne fut pas vaine : saint Joseph remplit son office de protecteur et de père envers l'institut dans ces temps difficiles, qui tout d'abord s'annoncèrent comme devant particulièrement l'éprouver et même nuire gravement à ses œuvres. En effet, la Révolution avait fait arriver aux emplois supérieurs du ministère de la marine des hommes hostiles aux établissements coloniaux des sœurs de Saint-Joseph de Cluny, si bien que l'on put craindre pendant quelque temps de les voir entraver et même disparaître complètement. Ces adversaires furent néanmoins retenus par la considération des services que la Révérende Mère avait rendus à Mana et ailleurs, et par le souvenir de son dévouement pour les Noirs : ils se décidèrent donc à maintenir l'ensemble des établissements de l'institut, ce qui n'empêcha pas quelques-unes de ses maisons, en particulier celles des Antilles, d'être sérieusement menacées dans leur existence. Grâce à la protection divine, aucune ne succomba ; mais comme, par suite de la Révolution, la situation financière du gouvernement était fort embarrassée, on fit d'importantes réductions dans les allocations consacrées au personnel des religieuses ; et celles-ci virent leurs ressources diminuées au moment même de la libération des Noirs, alors qu'elles avaient à faire face à plus de besoins.

Mais des considérations de ce genre ne pouvaient ralentir le zèle si désintéressé de la Révérende Mère, qui écrivait : « J'accepte volontiers leurs retranchements : cela ne nous empêchera pas de faire le bien... Si nous pouvons, par ces diminutions, augmenter en nous l'esprit de pauvreté, je m'en réjouirai. Remettons tous ces intérêts entre les mains de Dieu, et profitons des circonstances qu'il nous donne pour notre perfection... Que nos maisons soient pauvres, cela ne fait rien ; mais qu'elles travaillent au salut des malheureux Noirs. La pauvreté nous conduira au ciel... Je suis enchantée que nos communautés des Antilles soient un peu plus pauvres : elles n'en seront que plus ferventes. Ma chère fille, craignez bien l'esprit du monde pour vos sœurs : l'amour des richesses le suivrait de près. »

En même temps que la vénérée Mère donnait ainsi à ses filles ces grands enseignements au sujet de la pauvreté, elle s'occupait activement de faire dispenser largement aux esclaves libérés les secours de l'éducation chrétienne, et elle cherchait à exciter de plus en plus en leur faveur le charitable zèle et le dévouement de ses filles, auxquelles elle écrivait : « Vous ne pourrez jamais assez leur faire de bien pour les dédommager des peines qu'ils ont souffertes sous le régime de l'esclavage. Ce sont des créatures de Dieu qui ont une âme comme nous ; elles ont été rachetées au prix du sang de Jésus-Christ. Il est bien temps qu'on leur fasse connaître Celui qui les a créés et qui leur prépare dans l'éternité la même récompense qu'à ceux qui sont les premiers et les plus puissants sur la terre. Mais qu'ils ne se servent pas du bienfait de leur liberté pour l'offenser ! »

Au mois de juillet 1849, la vénérée Mère se trouvait dans la maison de Limoux, qui avait souvent l'avantage de la posséder, et où elle éprouvait toujours paix, repos et consolation. Mais cette fois, Dieu lui préparait là un grand et douloureux sacrifice.

Elle se disposait à rentrer à Paris, lorsqu'elle se vit subitement arrêtée par la maladie et la mort de la Mère Clotilde Javouhey, sa nièce. Cette digne Mère, qui avait vite compris la gravité de son état, avait demandé elle-même les derniers sacrements, qu'elle reçut en présence de la vénérée Mère et de toute la communauté ; puis, calme, résignée, pleine de foi et de confiance en Dieu, elle rendit paisiblement sa belle âme à Dieu. Sa mort fut un deuil général pour tout le pays : la population tout entière, les autorités civiles et militaires, le clergé de la ville et des environs, voulurent rendre un suprême hommage à la vénérée défunte, et témoigner ainsi de leur estime pour elle, de leur vénération et de leurs profonds regrets. Cette perte cruelle eut un grand retentissement dans le pays ; chacun rappelait les vertus de la Mère Clotilde, les journaux répétaient ses louanges, et tout le monde exprimait une sincère sympathie. A ce concert d'éloges parti de Limoux, répondirent les regrets de la congrégation entière, où la nouvelle de cette mort causa une affliction générale, tant la chère défunte était aimée, estimée, considérée comme une lumière et une force et aussi comme la grande espérance de l'avenir. La Révérende Mère Générale, qui avait suivi avec anxiété les phases de sa maladie et les angoisses du dénouement, sentit plus que personne la grandeur et les conséquences de cette perte, qui la privait d'une supérieure digne de toute sa confiance à cause des rares qualités qu'elle possédait pour la direction d'une maison religieuse.

A côté de ces épreuves si pénibles, Dieu donnait aussi à sa servante quelques consolations.

En effet, dans le même temps que s'opérait à Paris, grâce au dévouement et à l'habileté de Mgr Caire, une si heureuse réaction en faveur de l'institut, et que le projet d'établissement d'un noviciat y était approuvé par l'autorité ecclésiastique, la Révérende Mère, déjà très satisfaite de ces précieux résultats, put faire l'acquisition, toujours avec le consentement de l'autorité diocésaine, d'une vaste maison située au faubourg Saint-Jacques, pour y transférer l'établissement de la rue de Valois. La communauté entra dans cette nouvelle demeure le 1er novembre 1849, mais cette fois ce n'était plus une installation incertaine et précaire comme celles que l'on avait eues jusqu'ici à Paris, mais une prise de possession réelle ayant son but et sa raison d'être par suite de l'érection régulière du noviciat. On sortait ainsi de l'impasse où l'institut se trouvait comme enfermé depuis plusieurs années : c'était enfin, après bien des jours de trouble et d'épreuves, l'aurore d'un meilleur avenir. Aussi, de ce côté du moins, les désirs de la vénérée fondatrice étaient en partie remplis ; ses vues persévérantes, relativement à l'établissement de la congrégation à Paris, étaient couronnées d'un succès qu'on n'avait presque pas osé espérer. Plus assurée et plus tranquille sur le terrain qui venait de s'affermir si merveilleusement sous ses pas, elle envisageait avec sa confiance habituelle les difficultés et les contradictions qui ne pouvaient manquer de surgir encore. Elle jouissait d'un peu de tranquillité après de si pénibles épreuves, et, considérant avec bonheur cette vaste maison et ce cher noviciat dont la fondation lui avait coûté tant de larmes et de douloureuses inquiétudes, elle avait droit de répéter le mot du Psalmiste : « C'est le lieu de mon repos, c'est là que je fixerai pour jamais la demeure de mon choix. »

Assurément l'établissement d'un noviciat à Paris dans une maison spacieuse, commode et bien située était un grand bienfait de Dieu et en même temps un gage de prospérité matérielle pour l'institut, et c'est pourquoi la vénérée Mère s'en montrait pleine de reconnaissance envers Dieu. A côté de ce premier bienfait, la divine Providence lui ménagea, au moment même où elle en avait le plus besoin, un secours spirituel qui était de la plus haute importance, et qui devait exercer une grande influence sur l'avenir de son œuvre.

Nous voulons parler des rapports intimes qui s'établirent à cette époque entre la Révérende Mère fondatrice et le vénérable Père Libermann, qui mit au service de l'institut de Saint-Joseph son expérience, son dévouement et son ministère, et confia à ses fils le soin et la conduite spirituelle de celles qui sont heureuses et fières de le considérer un peu comme leur père et leur insigne bienfaiteur. Il ne sera pas inutile d'entrer dans quelques détails à ce sujet.

CHAPITRE XIII

La Révérende Mère entre en rapports avec le Vénérable
Père Libermann.
Départs importants pour les colonies.

Depuis plusieurs années déjà, la R. Mère Javouhey
avait fait, par l'intermédiaire de Mgr Gignoux, évêque
de Beauvais, la connaissance du vénérable P. Libermann, fondateur et premier supérieur général de la
congrégation du Saint-Cœur-de-Marie. L'origine de
ces relations remontait à 1843 ou 1844 : à cette époque, la congrégation du Saint-Cœur-de-Marie comptait neuf années à peine d'existence, mais le but de
sa fondation en faveur de l'évangélisation des Noirs,
ainsi que les vertus du serviteur de Dieu, qui commençaient déjà à jeter un vif éclat, faisaient désirer
vivement à la Révérende Mère d'établir avec ce nouvel
institut des relations intimes qu'elle estimait devoir
être très utiles à sa propre congrégation et à ses
œuvres. Aussi suivait-elle avec un intérêt marqué ses
premiers pas, et faisait-elle des vœux bien sincères
pour son prompt développement. Le motif principal
de sa sympathie toute spéciale pour le P. Libermann
et son œuvre était la sainteté du vénérable fondateur,
son zèle vraiment apostolique et son dévouement aux
âmes les plus délaissées. De plus, en sa personne,
elle rencontrait enfin, après l'avoir tant et si longtemps appelé de ses vœux, « l'homme que Dieu avait
choisi et marqué de son sceau, en le destinant à cette
sainte entreprise de l'apostolat des Noirs ». On com-
prend donc aisément, après ce que nous avons dit

des grandes actions de sa vie au Sénégal, aux Antilles et surtout à Mana, en faveur des Noirs, la liaison intime qui devait s'établir entre elle et le vénérable Père, qui, lui aussi, brûlait du désir de se dévouer à l'évangélisation de ces pauvres âmes jusque-là si abandonnées.

A partir de ses premiers rapports avec le vénérable P. Libermann, elle ne cessa plus de s'occuper constamment avec lui des affaires religieuses intéressant les colonies, et de se servir du grand crédit dont elle jouissait au ministère de la marine pour les démarches à faire à ce sujet, et pour rendre au vénérable Père tous les services qui étaient en son pouvoir. C'est ainsi qu'elle pouvait seconder ses entreprises relativement à l'œuvre des Noirs, pour le succès de laquelle elle ne désirait rien tant que d'unir les travaux de sa congrégation à ceux de la sienne dans une action combinée d'efforts et de sacrifices. Elle fit bien voir tout le dévouement dont elle était capable, lorsque le vénérable P. Libermann voulut négocier l'union de son institut avec celui du Saint-Esprit, qui était chargé de fournir des prêtres pour l'exercice du saint ministère dans les colonies françaises. Comme elle comprenait parfaitement tous les avantages qui résulteraient d'une pareille fusion, elle se mit entièrement à sa disposition pour l'aider à surmonter les obstacles que rencontrait l'exécution d'un pareil projet. Le cardinal Pitra, dans sa belle *Vie du Vénérable Père Libermann*, a dit comment la divine Providence ménagea les situations et les circonstances pour amener ce résultat si avantageux pour la religion dans les colonies et spécialement pour les missions africaines ; mais la vénérée Mère y eut aussi sa part, par sa médiation officieuse auprès des membres de la congrégation du Saint-Esprit, de la nonciature, du ministère de la marine et des personnages influents qui l'honoraient de leur estime et de leur confiance.

Pendant plusieurs années elle multiplia les lettres, les démarches, les visites, s'employa de tout son pouvoir et n'omit rien de ce qui dépendait d'elle pour arriver à l'heureuse conclusion de cette importante affaire. Les négociations furent longues et difficiles, mais Dieu daigna bénir les efforts réunis des uns et des autres, et, en octobre 1848, à la grande joie de la Révérende Mère, le vénérable P. Libermann devint le supérieur général des deux congrégations du Saint-Cœur-de-Marie et du Saint-Esprit, fondues en une seule.

Cet heureux résultat ne fit que resserrer encore davantage les liens qui unissaient le vénérable Père Libermann à la congrégation de Saint-Joseph de Cluny. En toutes circonstances, il saisissait les occasions qui se présentaient à lui d'être utile à la vénérée Mère et à son institut et de lui témoigner sa reconnaissance pour les services qu'elle lui avait rendus. Leurs rapports étaient devenus plus faciles, et par là même plus fréqents, depuis l'époque où, par suite de la réunion de son œuvre à celle du Saint-Esprit, le Vénérable vint se fixer à Paris, rue des Postes, et que la communauté des sœurs de Saint-Joseph vint occuper la maison du faubourg Saint-Jacques. A cette époque, le vénérable Père, comprenant l'importance du ministère spirituel qui pouvait être exercé auprès des filles de la Révérende Mère, chargea le R. P. Le Vavasseur, l'un de ses plus zélés collaborateurs, qui revenait de l'île Bourbon, où il avait été le père spirituel de sœurs de Saint-Joseph établies en ce pays, de continuer aux sœurs de la maison de Paris ses soins éclairés et dévoués. Dès sa première entrevue avec le P. Le Vavasseur, la vénérée Mère reconnut en lui l'homme destiné par la Providence à l'aider dans l'accomplissement de ses plus ardents désirs pour le développement de l'esprit religieux et la formation spirituelle des membres de l'institut. Elle écrivait donc : « J'ai vu notre bon Père Le Vavasseur; comme il me plaît! que ce caractère va bien au mien! Il nous est tout dévoué. » Et encore : « Le bon Père Le Vavasseur nous porte à toutes le plus vif intérêt. J'ai beaucoup parlé avec lui des desseins du bon Dieu; il m'a d'autant mieux comprise qu'il avait des preuves de son côté. » La vénérée Mère, non contente de le choisir comme confesseur et de lui confier les intérêts de son âme, tenait beaucoup à prendre ses avis et ses conseils pour tout ce qui intéressait le bien général et les progrès de l'institut. On raconte que, lorsqu'elle attendait sa visite, c'est par le silence et le recueillement qu'elle se disposait à l'entretenir; puis, après son départ, elle se montrait toute pénétrée et impressionnée par tout ce qu'il lui avait dit. Aussi elle répétait souvent : « Oh! comme ce bon Père a l'esprit du bon Dieu! C'est un saint! » La communauté profitait également des visites du Révérend Père, car il faisait chaque semaine, tant aux religieuses qu'aux novices, d'excellentes instructions et conférences qui excitaient à la régularité. au bon esprit et à la ferveur dans la vie religieuse, et qui portèrent bientôt de très heureux fruits. En 1850, le R. P. Le Vavasseur donna les exercices de la retraite annuelle, la première qui eut lieu à la maison du faubourg Saint-Jacques. A la suite de ses instructions et des entretiens qu'elle eut avec lui relativement à son âme et à la direction à donner à l'institut, la Révérende Mère était tout enthousiasmée et disait dans l'intimité : « Mais c'est cela! c'est bien cela que je cherchais! Oh! pourquoi donc, au lieu de tant nous tracasser, ne nous a-t-on pas éclairées ainsi, encouragées et redressées avec ces lumières si douces, cette charité, cette bonté qui gagne le cœur, cet intérêt auquel on ne peut refuser sa confiance et son abandon? »

Ces secours providentiels que la vénérée Mère recevait d'une congrégation qu'elle estimait profondément, furent pour elle une grande consolation et contribuèrent beaucoup au calme et à la paix de ses derniers jours. Ils n'étaient pas sans doute aussi complets, aussi fixés et aussi assurés pour l'avenir qu'elle l'aurait peut-être souhaité ; mais pour cela et pour beauboup d'autres projets, il ne devait pas lui être donné de voir ici-bas l'entier accomplissement de ses désirs.

La vénérée Mère Javouhey, durant toute sa vie si occupée et si agitée, fut obligée de beaucoup écrire, mais pendant les deux dernières années de sa laborieuse existence surtout, alors que sa santé et ses nombreuses affaires ne lui permettaient plus d'entreprendre d'aussi longs et d'aussi fréquents voyages, ses lettres devinrent bien plus nombreuses encore.

Un bon nombre de ces précieuses lettres nous ont été conservées et on peut y trouver un résumé de ses vues et de ses intentions sur l'organisation et la direction à donner à l'institut, sur son but et sa fin relativement aux œuvres à entreprendre, sur l'esprit qui doit animer tous ses membres et les vertus qui doivent les distinguer. Cette remarque est d'autant plus importante, qu'à cette époque un mouvement tout particulier de la grâce travaillait son âme, ainsi que l'indique sa correspondance intime avec sa sœur, la R. Mère Rosalie, qui avait remplacé la chère Mère Marie-Thérèse dans le gouvernement de la maison de Cluny.

Plus la vénérée Mère approchait de la fin de ses travaux, plus aussi elle devenait pressante dans ses exhortations à ses filles pour les exciter à travailler toujours davantage à l'acquisition et au développement des vertus de leur saint état. « Mes bien chères filles, écrivait-elle alors, travaillons avec courage à bien remplir nos devoirs, afin de devenir des religieuses selon le cœur de Dieu. Aimons-le de tout notre cœur; travaillons à sa gloire sans nous laisser décourager par les difficultés qui peuvent se rencontrer. Partout il faut porter la croix; c'est elle qui doit nous conduire au ciel. Il faut toujours nous tenir prêtes, car nous ne savons ni le jour ni l'heure où Notre-Seigneur nous dira : *Venez.* » Au commencement de 1851, elle écrivait encore à une supérieure : « Je vois avec une grande consolation que vous ne vous laissez pas abattre par les peines inséparables de votre position. La foi vous éclaire et votre espérance est au ciel. Courage, toutes mes bien chères filles! La vie est courte, l'éternité ne finira pas; il faut l'assurer pour le ciel. Priez pour moi qui le fais tous les jours pour vous à la sainte messe. » Ces quelques lignes et bien d'autres encore montrent que la pensée de son éternité devenait de plus en plus familière à la vénérée Mère; son cœur vivait presque continuellement dans les sphères surnaturelles, aussi la plupart de ses lettres de cette époque respirent un parfum tout particulier de détachement, de perfection et de sainteté.

Ces dispositions furent très remarquées, surtout durant les derniers mois de 1850; après avoir suivi avec ferveur les exercices de la retraite de Paris qui avait été donnée au mois de septembre par le R. P. Le Vavasseur, la Révérende Mère écrivait à la supérieure de Senlis : « Notre retraite s'est bien passée; *j'espère que ses fruits nous conduiront à l'heureuse éternité.* La vôtre va commencer, je prie le Seigneur de la bénir et de vous combler de ses douces consolations. Je me transporterai souvent près de vous par la pensée et la prière. Priez sainte Concorde, dont vous avez le bonheur de posséder les restes précieux, pour que tous mes pas soient uniquement pour la gloire de Dieu. » Peu après, elle partit pour Cluny et Limoux, où elle voulut assister à une seconde retraite qu'elle s'était sentie portée à suivre, comme si elle avait dû être la dernière de sa vie, et dans laquelle Dieu lui accorda des grâces particulières. Nous connaissons ces détails par la Mère Vincent-de-Paul, supérieure de la communauté de Limoux, à qui la Révérende Mère les avait confiés dans un épanchement intime. On eût dit vraiment que la vénérée Mère pressentait sa fin prochaine : elle parlait de la mort comme une personne qui ne la perd jamais de vue et qui fait de cette pensée la règle habituelle de sa conduite. Son âme se dégageait peu à peu de tous les liens d'ici-bas, et, pleine de confiance en Dieu, elle envisageait la fin de sa vie comme le voyageur considère le terme d'un lointain et pénible voyage, espérant, après les luttes de la traversée, le repos et le calme du port. Ce n'est pas cependant que quelquefois elle ne se préoccupât de l'avenir de sa congrégation, et que le souvenir des longues épreuves et des dangers du passé, comme aussi les prévisions des difficultés de l'avenir, ne vinssent étreindre péniblement son cœur et augmenter les inquiétudes et les mille soucis du présent, mais aussitôt sa grande foi et son inaltérable confiance en Dieu prenaient le dessus et venaient rasséréner son cœur et tempérer ses craintes qu'elle jugeait trop humaines et considérait comme une faiblesse. On remarquait aussi en elle un profond recueillement : son âme était constamment élevée vers le ciel ; elle faisait de toutes choses un sujet de réflexions et de méditations et pratiquait d'une façon admirable le conseil de l'Apôtre aux Corinthiens, en demeurant toujours unie à Dieu au milieu des occupations les plus actives et les plus diverses, et même des œuvres les plus extérieures. Aussi un prêtre vénérable, qui la connaissait bien, disait que son oraison était fort élevée et qu'on pouvait affirmer d'elle « que jamais elle ne perdait de vue la présence de Dieu ».

Jusqu'à la fin de l'année 1850, rien ne pouvait faire supposer que la santé de la vénérée Mère fût sérieusement atteinte et que sa précieuse existence fût prochainement menacée ; mais ce qui affligeait ses filles et commençait à leur donner des craintes vagues, c'était de l'entendre faire de fréquentes allusions à sa fin prochaine par des paroles comme celles-ci : « Ma tâche est terminée ; ce que j'ai été appelée à faire est fait ; à d'autres appartient le soin de consolider et de faire progresser l'œuvre de la congrégation. »

Les forces de la vénérée Mère semblèrent pourtant lui revenir et, au commencement de l'année 1851, elle allait si bien, que, voulant profiter du rétablissement de l'ordre en Italie et du retour du Souverain Pontife dans ses États, elle reprit sérieusement le projet qu'elle caressait depuis plusieurs années de se rendre à Rome, pour déposer aux pieds du Vicaire de Jésus-Christ le témoignage de son filial respect, de son entier dévouement et celui de tout l'institut. Elle voulait en même temps exposer très nettement à Sa Sainteté la situation de sa congrégation et lui demander une solution pour les difficultés où elle se trouvait engagée. Pendant les deux premiers mois de 1851, il ne fut question que du voyage à Rome, et la réalisation en paraissait si prochaine, qu'on en faisait l'annonce formelle et qu'on fixait même la date du départ pour la fin du mois de mars.

Ces préoccupations n'empêchaient pas la vénérée Mère de s'occuper avec beaucoup de sollicitude de la formation de ses filles et de travailler avec une grande énergie aux progrès et à la prospérité de l'institut. Son zèle ne se démentait pas ; à la fin de l'année 1850, des sœurs lui furent demandées pour le soin des malades et l'instruction des enfants en Californie ; elle accepta en principe cette mission, « si telle était la volonté de Dieu ». A cette même époque, la catholique Irlande fit appel au zèle dévoué des sœurs de Saint-Joseph de Cluny, et la Révérende Mère fondatrice se montra encore toute disposée à accepter : « On nous demande en Irlande pour l'instruction des pauvres et des riches, écrivait-elle; on m'assure que nous y ferions beaucoup de bien. Si c'est la volonté de Dieu, j'accepte de tout mon cœur cette nouvelle fondation... » Par le fait, ce n'est que quelques années après que la Providence permit la réalisation de ce dernier projet.

A la fin de l'année 1850, survint un événement qui causa une grande joie à la vénérée Mère, laquelle portait un très vif intérêt aux progrès religieux de nos colonies; le Souverain Pontife Pie IX érigea trois sièges épiscopaux dans les trois îles françaises de la Guadeloupe, de la Martinique et de Bourbon. Les trois nouveaux titulaires, préconisés le 8 décembre 1850, s'embarquèrent dès le commencement de 1851 pour aller prendre possession de leurs sièges, et ils obtinrent facilement de la Révérende Mère fondatrice d'emmener avec eux quelques-unes de ses religieuses afin de renforcer les maisons déjà existantes dans leurs diocèses respectifs. Le choix de ce nombreux personnel et la préparation de ce triple départ occupa beaucoup la Révérende Mère durant les deux premiers mois de 1851 : « Les mieux partagées, écrivait-elle alors, sont celles destinées à l'île Bourbon. Elles ont obtenu de Monseigneur de vouloir bien être leur père spirituel pendant la traversée. Je les place toutes sous la protection de notre bon Père saint Joseph, qui les protégera pendant ce voyage. Toutes, d'ailleurs, partent avec beaucoup de courage et l'espérance de travailler utilement à la gloire de Dieu. Leurs dispositions me remplissent de consolations. » Les Sœurs qui se rendaient à Bourbon furent en. effet très favorisées : durant leur longue traversée sur le *Cassini,* elles se trouvèrent réellement à l'école de la piété, du dévouement et du zèle apostolique. Elles quittèrent la rade de Lorient au chant de l'*Ave maris Stella,* entonné par les ecclésiastiques et poursuivi avec un merveilleux entrain par l'équipage. Parmi les passagers se trouvait Mᵍʳ Desprez, le nouvel évêque de Saint-Denis, qui devint plus tard archevêque de Toulouse et cardinal ; il était accompagné de ses grands vicaires et de son secrétaire, M. l'abbé Fava, aujourd'hui évêque de Grenoble ; puis venaient plusieurs autres prêtres et missionnaires, à la tête desquels on remarquait un courageux pontife, confesseur de la foi, Mᵍʳ Vérolles, qui regagnait son vicariat apostolique de Mandchourie. Les officiers du bord, on doit le dire, ne le cédaient guère en zèle et en piété à ces vénérables passagers. Le bâtiment était commandé par M. Robinet de Plas, qui donna sa démission pour entrer dans la Compagnie de Jésus, où il est mort saintement, il y a peu d'années ; il avait pour lieutenant M. Alexis Clerc, qui, devenu jésuite lui aussi, fut choisi comme otage de la Commune et fusillé en haine de la foi le 24 mai 1871 ; le second du navire, le capitaine Bernaërt, était également d'une piété remarquable ; enfin, un des aspirants, fils d'une noble famille du Midi, après une brillante carrière dans la marine, entra plus tard chez les Chartreux, où il occupa des charges importantes. On conçoit aisément qu'avec une semblable élite le bord du *Cassini* présentât une physionomie tout à fait spéciale : la vie chrétienne et religieuse y était pratiquée et Notre-Seigneur même y avait un sanctuaire. « C'était un spectacle si touchant, écrivaient les sœurs, qu'il est impossible d'en perdre le souvenir. »

Pendant que ses filles se rendaient aux diverses résidences que l'obéissance leur avait assignées, la Révérende Mère demeurait fidèle à son poste et continuait à tenir d'une main ferme le gouvernail de sa congrégation : elle pensait et pourvoyait à tout, faisait elle-même sa vaste correspondance et s'occupait des affaires de l'institut avec une précision et une énergie étonnantes.

CHAPITRE XIV

**Affaiblissement de la santé de la R. M. Javouhey.
Ses derniers moments. — Sa mort.**

A la fin de mars 1851, la santé de la vénérée Mère commença à s'altérer sensiblement; elle ne pouvait presque plus prendre de nourriture, mais néanmoins elle demeurait toujours debout et conservait toute sa vigueur d'intelligence et de volonté; aussi ne considérait-on pas son état comme grave et rien ne pouvait laisser supposer qu'il pût être le prélude d'une fin prochaine. On comptait beaucoup du reste sur la force de son tempérament, et il ne venait à l'esprit de personne qu'elle pût sitôt manquer à l'institut. Mais Dieu avait d'autres desseins.

Tout l'entourage de la Révérende Mère semblait vivre dans l'illusion, sans vouloir même s'avouer la vague inquiétude qui commençait pourtant à envahir les cœurs. A la fin de mai, la Mère Rosalie vint à Paris et fut reçue par sa vénérée sœur avec une grande émotion et un empressement inusité. La Révérende Mère voulut profiter de sa présence pour se rendre avec elle à Senlis. Elle en revint fatiguée et dut se mettre au lit en rentrant à Paris le 28 mai, et le lendemain, jour de l'Ascension, elle ne put se lever. Alors seulement, en voyant la décomposition de ses traits, on commença à craindre qu'elle ne fût plus malade qu'on ne l'avait cru jusqu'à ce moment. La Mère Rosalie écrivit à Cluny pour faire part de ses craintes et faire commencer une neuvaine de prières. Elle manda le docteur Cruveilher, qui ne crut voir dans l'état de la malade qu'une affection catarrhale, et son appréciation rendit l'espoir ; d'ailleurs une amélioration se manifesta bientôt qui sembla confirmer ce diagnostic et fit renaître les illusions dans lesquelles les filles de la Révérende Mère cherchaient à s'entretenir.

Mais la chère malade ne tarda pas à déconcerter leurs espérances par une parole qui les impressionna bien douloureusement. Comme on parlait de nouveau du projet de voyage à Rome, elle répondit que le moment ne semblait pas venu. « Pour moi, du reste, ajouta-t-elle, j'ai un autre voyage à faire, et celui-là je le ferai seule... » Il n'y avait pas à se méprendre, la vénérée Mère voulait parler de sa mort prochaine, et elle le faisait avec tant de calme et un accent si pénétré, qu'il était impossible de ne pas en être frappé. Aussi toutes les sœurs furent très affectées de cette parole et ne purent se défendre de pénibles pressentiments.

Cependant la maladie ne se dessinait pas clairement ; en tout cas elle ne paraissait point s'aggraver, au contraire, mais la faiblesse s'accentuait et la nourriture devenait de plus en plus impossible ; cet état dura jusqu'à la fin de juin.

Malgré ses souffrances, la Révérende Mère suivait toujours avec la même attention la marche des affaires de l'institut. C'est ainsi qu'elle décida l'acceptation de la petite mission de Mahé dans l'Inde française, et qu'elle s'occupa même d'un second départ de sœurs pour l'île Bourbon. Celles-ci, au moment de quitter Paris, le 17 juin, vinrent faire leurs adieux à leur vénérée Mère : elle les reçut levée, leur adressa ses conseils, ses instructions et leur fit même ses dernières recommandations. Les sœurs étaient profondément émues ; elles ne prévoyaient pas le sacrifice douloureux que Dieu allait demander bientôt à la congrégation, mais elles comprenaient que, partant si loin, elles pouvaient s'attendre à tout... Cette pensée augmentait encore leur émotion; la Révérende Mère sembla la remarquer et, répondant à leurs secrets pressentiments, elle leur dit en les embrassant : « Adieu, mes enfants ! adieu, nous ne nous reverrons plus ! »

Quelques jours plus tard, les dernières illusions qu'on avait pu entretenir encore s'évanouirent. Le docteur Récamier étant venu se joindre à son confrère et ami M. Cruveilher pour donner ses soins à la Révérende Mère, qu'il avait en haute estime et en grande vénération, il découvrit en la chère malade des symptômes graves qui ne lui permirent point de dissimuler ses inquiétudes; de son côté, la vénérée Mère, qui connaissait les sentiments chrétiens du célèbre médecin et qui comprenait la gravité de son état, lui dit avec une grande simplicité : « Je compte, Monsieur, sur votre bonne affection et sur votre esprit religieux pour me prévenir quand il sera temps que je reçoive les derniers sacrements; je crains que la tendresse de mes filles ne les fasse se tromper sur mon état. »

Pendant les premiers jours de juillet, le mal s'aggrava et les médecins déclarèrent que la chère Mère était tout à fait en danger. Ce fut alors que la communauté dut être informée du malheur qui la menaçait; elle fut consternée. Quant à la vénérée malade, comme nous l'avons dit, elle ne se dissimulait pas sa position, mais sa résignation était entière : elle était toujours dans la disposition de faire en tout la sainte volonté de Dieu. C'est ce que la Mère Rosalie écrivait alors : « La chère Mère connaît parfaitement son état et est entièrement résignée. Il lui en coûte pourtant de nous laisser encore beaucoup d'embarras, mais la volonté de Dieu qui lui est si chère passe avant tout. »

Dans la nuit du jeudi au vendredi 4 juillet, vers une heure du matin, le R. P. Le Vavasseur vint la confesser et lui apporter la sainte communion, qu'elle reçut avec les plus vifs sentiments de foi.

La communauté de Paris, plongée dans la désolation, voulut faire un suprême appel à la divine miséricorde : on envoya une circulaire dans tout l'institut pour demander partout des prières; la Mère Rosalie et toutes les sœurs présentes s'unirent dans une ardente supplication pour obtenir de Dieu la conservation d'une vie si précieuse. Pendant quelques jours on demeura entre la crainte et l'espérance : un mieux sensible alternait avec des jours mauvais. Le jeudi 10 juillet, à quatre heures du matin, le R. P. Le Vavasseur lui apporta de nouveau la sainte communion. Sa faiblesse devenait de plus en plus grande, elle avait peine à parler et même à entendre parler auprès d'elle : aussi on la veillait à distance afin de lui permettre un peu de repos. Mais au lieu de profiter du silence pour essayer de dormir, elle l'employait à prier et elle récitait presque continuellement son chapelet avec une très grande dévotion. Elle restait en pleine possession de ses facultés : sa présence d'esprit, sa mémoire, son énergie de caractère demeuraient absolument intactes.

Bien plus, tandis que le corps s'affaiblissait, l'âme semblait prendre son essor et se dégager du fardeau de la chair. Aussi la chère malade n'interrompait guère la récitation de son rosaire que pour repasser dans son souvenir et dans son cœur les bienfaits de Dieu à son égard, afin de s'exciter par cette méditation à des sentiments d'amour et de profonde reconnaissance. Deux jours seulement avant sa mort, elle se laissait aller, à ce sujet, à quelques épanchements intimes avec la Mère Rosalie, sa sœur, qui en a religieusement gardé le souvenir : « On croit que je dors, disait-elle, quand je suis tournée du côté du mur; oh ! je suis bien éloignée de dormir : je repasse en ma mémoire tous les bienfaits de Dieu pour nous. Ils sont si grands, si nombreux, si immenses, que j'en suis confondue!... Ce qui m'étonne, ce n'est pas que Dieu ait pu se servir de nous, qui n'étions que de pauvres filles de village, pour établir cette œuvre déjà si utile, et qui s'étend aujourd'hui dans les cinq parties du monde, car dans la main de Dieu les plus faibles instruments peuvent de grandes choses ; mais, ce qui surpasse mon étonnement, c'est de voir que Dieu ait disposé en notre faveur des hommes d'esprit, des personnages de la plus haute distinction, je dirai même tous les gouvernements qui se sont succédé depuis cinquante ans, au point d'accorder confiance, aide et protection à une pauvre petite fille qui n'avait pour elle que la grâce d'une forte et divine inspiration... Nous étions bien jeunes alors ! Pour moi, je vois tout cela avec un bonheur et une reconnaissance inexprimables. Qui pourrait douter, après cela, que la congrégation ne soit l'œuvre de Dieu seul ? »

La vénérée Mère, en disant ces choses, était comme ravie en Dieu, au témoignage de la Mère Rosalie ; puis, voyant sa chère sœur attristée et inquiète, elle la rassurait sur l'avenir de l'institut, et ensuite, l'entretenant de la congrégation du Saint-Esprit, elle lui disait : « Cette société a l'esprit du bon Dieu, elle est appelée à de grandes choses » ; puis elle laissait entendre que Dieu se servirait de ce pieux institut pour procurer à sa congrégation de grands biens spirituels ; car avec le sens intime qu'elle avait de la vie de perfection, elle sentait plus que personne ce qui pouvait manquer à son œuvre, et elle manifestait clairement ses intentions à cet égard, si la divine volonté la laissait encore quelque temps sur la terre. Elle avait sous ce rapport des vues si nettes, des aspirations si vives et des convictions si profondes, qu'il ne semble pas téméraire d'attribuer à son intercession les grâces signalées et les secours précieux que la congrégation a reçus en abondance après sa mort.

La formation des novices faisait également l'objet de ses dernières sollicitudes, et elle adressait ses recommandations instantes à la maîtresse des novices, la Mère Marie de Jésus. « Formez vos novices, lui disait-elle, au détachement, à l'esprit de sacrifice, afin qu'elles deviennent des religieuses d'une vertu ferme, énergique, courageuse, et non pas des personnes maniérées, affectées, pleines de recherche d'elles-mêmes et ne s'appuyant que sur une piété factice qui ne sait résister à rien. » Puis elle ajoutait avec une expression fortement accentuée et convaincue : « Il nous faut des vertus vigoureuses et robustes, fondées sur la foi, l'abnégation et l'amour de Dieu, et non des mijaurées. »

C'est ainsi que la Révérende Mère continuait jusqu'au bout à inculquer à ses filles les enseignements qu'elle n'avait cessé de leur faire entendre durant sa vie, mais qui devenaient plus instants, plus expressifs et plus formels encore, à mesure qu'elle approchait de sa fin et que déjà ses yeux semblaient commencer à percevoir les célestes clartés.

Le 14 juillet, la Révérende Mère recevait la visite d'une de ses nièces, la Mère Marie-Thérèse, supérieure de la maison de Bièvre, qui n'avait pu résister au désir de venir à Paris afin de connaître par elle-même l'état de la chère malade. Dès qu'elle l'aperçut, la Révérende Mère, sachant qu'elle ne s'était pas fait autoriser pour ce petit voyage, profita de cette occasion pour lui donner une leçon en faveur du maintien de la règle. Elle la réprimanda sévèrement d'être venue à la maison de Paris sans permission spéciale, et n'accepta pas les excuses qui étaient alléguées. « Qu'est-ce que cela veut dire, ajouta-t-elle, que pour un oui ou pour un non, une supérieure quitte sa communauté sans avoir demandé la permission ? » Après avoir rempli son devoir de supérieure par cet énergique rappel à l'observation de la règle, la Révérende Mère jugea la correction suffisante et reprit sa bienveillance et son affabilité ordinaires.

Le soir de ce même jour, le R. P. Le Vavasseur vint voir la vénérée malade avec l'intention de la préparer à recevoir les derniers sacrements, car les médecins ne dissimulaient pas l'imminence du danger; mais il la trouva si bien, qu'il crut pouvoir différer quelque peu, et il se contenta de la confesser, en lui promettant de lui apporter la sainte communion le surlendemain, pour la fête de Notre-Dame du Mont-Carmel. Puis il se décida à lui annoncer la mort de Mgr d'Héricourt, l'évêque d'Autun, qui était survenue inopinément quelques jours avant, le 8 juillet, et qu'on avait jugé prudent de lui tenir secrète, afin de lui éviter toute préoccupation et toute secousse. A cette nouvelle, la chère Mère témoigna une grande surprise et une grande émotion. « Comment ! il est mort, ce bon Monseigneur ! Oh ! que le bon Dieu ait son âme ! car s'il m'a été une grande occasion d'épreuve et de peine, il l'a fait pour le bien, et le bon Dieu le récompensera de ses bonnes intentions. Du reste, il m'a été bien utile à moi-même et à l'institut. » Ensuite, lorsque le Révérend Père fut parti, elle reprocha à ses filles de lui avoir laissé ignorer si longtemps cette mort, et ajouta : « Vous avez dû remarquer combien j'ai été malade le jour du décès de Monseigneur; peu s'en est fallu que ce jour-là nous ne nous soyons rencontrés tous les deux au tribunal de Dieu. » Puis, conservant toujours son humeur enjouée, elle dit en souriant : « Ce bon Monseigneur est passé avant moi; c'était bien juste : à tout seigneur, tout honneur. »

La nuit fut meilleure que de coutume; elle reposa même quelque peu. Lorsque vers cinq heures et demie la Mère Rosalie vint prendre de ses nouvelles, elle lui témoigna sa satisfaction de la sœur qui l'avait veillée, et ajouta : « Chaque fois que je me suis éveillée j'ai prié pour Monseigneur. » Puis elle continua à s'entretenir avec sa sœur, lui parlant dans tout l'abandon de l'intimité, et lui dévoilant ses derniers sentiments et les dispositions de son cœur ; elle lui dit avec un accent pénétré : « Nous devons considérer Monseigneur d'Autun comme l'un de nos bienfaiteurs. Dieu s'est servi de lui pour nous envoyer l'épreuve, quand nous n'entendions en général autour de nous que des louanges. C'était nécessaire ; car avec le succès qu'obtenait notre congrégation, nous aurions pu nous croire quelque chose, si nous n'avions eu ces peines et ces contradictions. »

Une demi-heure plus tard, la Révérende Mère se leva avec l'aide des sœurs qui la soignaient, et quelques minutes s'étaient à peine écoulées, qu'elle se sentait prise d'une faiblesse : on la remit promptement sur son lit, et on chercha par tous les moyens possibles à la ranimer, mais déjà la pâleur de la mort était empreinte sur son visage, et on comprit que le dénouement était proche. La Mère Rosalie, qui venait de sortir, fut rappelée aussitôt ; saisie et consternée d'une aussi brusque aggravation, elle envoya immédiatement chercher un prêtre dans le voisinage. Celui-ci vint sans retard ; mais, malgré toute sa promptitude, il ne put arriver à temps pour lui donner une dernière absolution. Pendant ce temps, on suggérait à la mourante les saints noms de Jésus, Marie et Joseph, et on lui faisait baiser le crucifix. Mais elle, sans reprendre ses sens, poussa quelques légers soupirs, et, sans secousse, sans agonie, elle rendit son âme à Dieu.

Si subite que fût cette mort, elle n'était point imprévue : la vénérée Mère savait que sa fin était proche, elle l'attendait et elle y était préparée depuis longtemps déjà. On se plut même à croire, dans la communauté, que cette mort si douce, si calme, exempte des souffrances et des angoisses de l'agonie, était due à la protection spéciale de saint Joseph, que la chère Mère avait toujours invoqué en vue de sa mort, lui demandant instamment d'être préservée des terribles luttes des derniers moments. On lui avait souvent entendu dire, en effet, « qu'elle demandait de nombreuses grâces à son protecteur et patron pour tout son cher institut, mais que, pour elle personnellement, la grâce qu'elle sollicitait était de mourir sans agonie ». Cette suprême épreuve fut épargnée à la vénérée Mère fondatrice : au lieu du douloureux spectacle des dernières luttes, elle avait pu donner à ses filles, un quart d'heure seulement avant d'expirer, le consolant exemple de sa foi profonde, de son humilité et de l'élévation de ses sentiments. Elle était âgée de soixante et onze ans et demi, et avait gouverné la congrégation pendant plus de quarante-quatre ans.

Le corps de la Révérende Mère fut exposé pendant huit jours dans l'oratoire du petit noviciat, converti en chapelle funéraire. Le saint sacrifice y fut célébré plusieurs fois par jour ; il y eut même une messe solennelle à laquelle voulurent assister, en témoignage de regret et de sympathie, le directeur des colonies et plusieurs autres fonctionnaires du ministère de la marine. Pendant ce temps, comme on ne possédait à Paris, qu'un petit oratoire provisoire on fit d'actives démarches auprès des autorités civiles pour obtenir l'autorisation de transférer dans la vaste chapelle de la maison de Senlis les restes précieux de la vénérée fondatrice. On alla trouver le ministre des cultes, M. de Crousheilles, qui, apprenant sa mort, s'écria : « Quelle perte pour la France ! Quels services cette femme nous a rendus ! » Puis il donna de vive voix l'autorisation demandée. Mais on s'aperçut bientôt que cette permission ne pouvait être régulièrement accordée : tous les règlements s'y opposaient. Néanmoins le ministre ne voulut pas retirer sa parole et, désirant donner cette consolation en même temps que cette marque d'estime à l'institut de Saint-Joseph de Cluny, il écrivit au préfet de l'Oise pour l'inviter à laisser faire et à fermer les yeux.

La translation du corps se fit le 22 juillet; toute la ville de Senlis l'accueillit avec un profond respect et une pieuse vénération. Le lendemain 23, on fit un premier service dans la chapelle de la communauté, et le 24, eut lieu, à l'église paroissiale, le service solennel, en présence d'une assistance aussi nombreuse que choisie. A l'issue de la cérémonie, le corps fut rapporté processionnellement à la chapelle de la communauté et déposé dans le caveau qu'on avait préparé sous le chœur pour l'inhumation : c'est là qu'il repose encore aujourd'hui. Toutefois Senlis n'eut pas toute la dépouille mortelle de la Révérende Mère. Son cœur fut gardé à la maison de Paris et déposé plus tard, après la construction de la grande chapelle de la maison-mère, dans un petit monument de marbre blanc placé dans la chapelle funéraire de la crypte, où reposent également les restes mortels des Mères Rosalie et Marie-Joseph, les sœurs de la vénérée fondatrice.

ÉPILOGUE

La R. Mère Anne-Marie Javouhey, sur le point de
mourir, disait à une de ses sœurs : « L'institut de
Saint-Joseph est bien l'œuvre de Dieu et non pas la
mienne. Dieu va vous le prouver une fois de plus en
m'appelant à Lui et en continuant son œuvre plus
largement que jamais. »

Cette parole sincère montre, bien mieux que ne
pourraient le faire de longs discours, la grande foi, la
vraie simplicité et l'admirable humilité de la servante
de Dieu. Elle avait été suscitée et visiblement aidée
par la divine Providence pour accomplir une grande
œuvre dans l'Église et dans la société. Toujours soumise et entièrement obéissante *à la sainte volonté de
Dieu,* dont elle avait fait son mot d'ordre et sa devise,
elle avait vaillamment combattu pendant sa laborieuse
carrière et, après un demi-siècle de pénibles travaux
et de persévérants efforts, elle tombait sur la brèche,
laissant son œuvre solidement établie en France et
dans les colonies, en dépit de toutes les difficultés et
des obstacles sans nombre contre lesquels elle avait
eu à lutter.

Selon l'ordre régulier et la marche ordinaire des
événements humains, on aurait pu craindre que sa
mort ne mît un terme à la marche progressive et à la

prospérité des œuvres dont elle était l'âme et la vie ; il n'en fut rien néanmoins, au contraire, et, par une grâce spéciale, son institut, visiblement soutenu et protégé par Dieu, comme elle l'avait annoncé elle-même, n'a cessé de prospérer ; il a même pris depuis lors des accroissements merveilleux. Non seulement il est demeuré fidèle aux enseignements et à l'esprit de sa vénérée fondatrice ; non seulement il a continué et soutenu les œuvres qu'elle avait commencées au prix de tant de peines et de sacrifices, mais encore il les a augmentées, développées et multipliées, et il a eu le bonheur de réaliser beaucoup des vastes projets que la vénérée Mère n'avait pu mettre à exécution durant sa vie. C'est ainsi qu'aujourd'hui, quarante ans seulement après la mort de la pieuse fondatrice, l'institut, qui comprenait alors huit cents membres, en compte maintenant quatre fois plus ; il a vu le nombre et l'importance de ses établissements presque se tripler ; enfin, il a considérablement étendu le champ de son action. D'abord en France, les fondations se sont succédé en Bourgogne, en Bretagne et dans les principales villes comme Marseille, Lyon et Bordeaux ; puis il s'est établi à Rome, en Irlande, en Écosse et en Portugal. En Afrique, il s'est implanté aux Seychelles, à l'Angola portugais, au Congo français et portugais, sur la côte de Mozambique et jusque dans la région centrale du Zambèze. En Amérique, il a pénétré dans l'île d'Haïti, au Pérou et aux États-Unis. Enfin, en Océanie, il s'est étendu jusqu'à la Nouvelle-Calédonie, aux îles Fidji et aux îles Gambier. Devant un pareil développement, peut-on ne pas reconnaître que le doigt de Dieu est là, que cette œuvre est vraiment la sienne, et que, si la R. Mère Anne-Marie Javouhey n'a été « que l'humble instrument du Seigneur », cet instrument fut, par sa docilité même, bien puissant ? Il faut le dire aussi, la vénérée fondatrice ne travailla que pour Dieu, mais

Dieu féconda son labeur et travailla pour elle, selon la parole que Notre-Seigneur adressa un jour à la séraphique réformatrice du Carmel, sainte Thérèse, patronne et protectrice de l'institut de Saint-Joseph de Cluny : « Occupe-toi de mes affaires, ma fille, et moi je m'occuperai des tiennes. »

TABLE DES CHAPITRES

CHAPITRE VIII

CHAPITRE IX

CHAPITRE X

CHAPITRE XI

CHAPITRE XII

CHAPITRE XIII

CHAPITRE XIV

Ligugé (Vienne). — Imp. Saint-Martin. M. Bluté.

www.ingramcontent.com/pod-product-compliance
Ingram Content Group UK Ltd.
Pitfield, Milton Keynes, MK11 3LW, UK
UKHW021627170726
13836UKWH00005B/2089